我有這麼好命？

暇滿人身

成佛道上的有暇及圓滿
你是自由且豐盛

The
Perfect Human Rebirth
Freedom and Richness on the Path to Enlightenment

喇嘛梭巴仁波切——著
Lama Zopa Rinpoche
戈登・麥杜格——編
Gordon McDougall
張春惠——譯

目錄 Contents

致謝

我在喇嘛梭巴仁波切的上一本書《為什麼要在乎：斷除世間八法的修心奧祕》，詳細介紹護持大乘法脈聯合會傳承系列叢書，本書是系列叢書第三冊，故不在此重述細節。

簡單來說，本系列叢書的目的是出版仁波切講解菩提道次第，依照順序在各個關鍵處的解釋。內容適合一般讀者，也適合專精深入的讀者，包括認真想獲得證量的道次第禪修者，以及需要完整佛法資源，加強自身佛學的道次第老師。本書編輯是戈登・麥杜格，在此至上最深感謝，他在前言會提到比較多的編輯過程。

一九九六年，仁波切要我成立耶喜喇嘛智庫，一個非隸屬護持大乘法脈聯合會的獨立單位。二〇〇七年，感恩某位慈悲無法言喻的功德主，護持五十萬美元等額補助，這筆錢讓我們聘僱員工，事情能有所進展，我們構思「護持大乘法脈聯合會傳承出版」（PFL），以實現這系列叢書的出版。由戈登主責，先以特麗莎・唐納利（Trisha Donnelly）尼僧及滇津・南卓（米蘭達・亞當斯，Miranda Adams）所做的「法類籃」為基礎，把仁波切近四十年來的教導結合成系列叢書，您可從耶喜喇嘛智庫網頁的「最新計畫」看到關於「護持大乘法脈聯合會傳承出版計畫」內容。

之前出版的書籍及耶喜喇嘛智庫官方網站，皆詳述哪些人支持耶喜喇嘛智庫的成立及持續運作，於此不再重述。不過，我想感謝直接護持本書《我有這麼好命？》英文版編輯與印刷的台灣浩然基金會（Hao Ran Foundation）、馬來西亞洛桑札巴中心（Lobsang Dragpa Center），那位慈悲功德主，以及捐款給等額補助的所有人。要募齊所有經費還有一段路，如果您想護持喇嘛梭巴仁波切無與倫比的菩提道次第釋論籌畫，請瀏覽耶喜喇嘛智庫網站 LamaYeshe.com，由衷感激。

尼可拉斯・瑞布希 博士（Dr. Nicholas Ribush）

前言

在我著手蒐集本書資料時，當時即將舉行世界盃，對於住在英國的人（或者其他世界盃參賽國）來說，為期一個多月，世上似乎除了足球，其他都不存在。四處可見英國紅白色國旗，散發出濃厚民族自豪，果不其然，沒什麼道理可言。

一年前，我到法國參加喇嘛梭巴仁波切帶的六字大明咒億遍閉關，跟四百位參加者一塊兒，畢生難忘的經驗。要是你曾參加過仁波切帶的多日閉關，就知道會聽很久佛法，睡覺時間很短。

我們一開始都知道，仁波切要大家完成持誦億遍六字大明咒，似乎是不可能的任務，有些人因而在「感到某種程度不安」的情況下開始閉關。仁波切在閉關說的開場白別具意義，內容就是本書第一章的開頭，他提到：讓我們感到開心的真正理由，應該是擁有珍貴人身，而不是把球踢進球門。並不是閉關才算學佛修行，我們做的每件事都能成為佛法（我看不出有哪支足球隊能符合，不過我相信能做得到）。這一切來自清楚自己真正潛力，此即暇滿人身教法的精髓。

一般而言，菩提道次第出現在西方學生面前時，是以一個步驟接著一個步驟列出各法類，做成如何真正快樂及證悟成佛的指導手冊，各個法類都同等重要。看看西藏傳統典籍怎麼劃分也很有幫助，這一點可能是對的。

宗喀巴大師的著作《菩提道次第廣論》以及往後跟隨宗喀巴大師架構的造論者，提到建立傳承、上師（lama）的重要性、修持軌理之後，主要劃分兩大部分：第一珍惜暇滿人身，第二善用暇滿人身。由此，我們就能明白，整個修行道路的關鍵處，在於對暇滿人身有所認識，並珍惜暇滿人身。就如喇嘛梭巴仁波切說過，暇滿人身是開啟瞭解佛法大門的鑰匙。

我認為這一點對西方弟子特別真切，因為我們最大的魔障之一，就是低自我價值或低自尊。西方人的生活，在過得相當舒適、很多支持的生活之中，同時又競爭激烈、目標導向，讓我們感到無法勝任，甚至覺得自己無用。我們忙得團團轉，以致於失去了為何忙碌的重點。暇滿人身這教法是一通喚醒我們的來電，藉由這些教法，能看到自己目前處在多麼獨特的狀態，擁有多麼卓越的潛力。真正清楚這一點的時候，就有動力真正讓內心進步，這就是其餘道次第法類的目的。

參加喇嘛梭巴仁波切在柯槃寺帶的一個月禪修課程的弟子們，相當早期就意識到，完整記錄耶喜喇嘛及喇嘛梭巴仁波切開示的重要性。幾十年下來，已經彙整了將近兩千場的開示，有從一晚到整整三個月閉關的開示。當喇嘛梭巴仁波切在一九九六年成立耶喜喇嘛智庫時，這彙整便正式化了。

二〇〇七年，「護持大乘法脈聯合會傳承出版」計畫上路，這個計畫使得喇嘛梭巴仁波切對於菩提道次第的所有開示都能找得到，計畫目的是從所有的開示紀錄中，摘錄菩提道次第的個別法類內容，接著彙整、編輯及出版成一系列書籍。直到現在，耶喜喇嘛智庫大致上出版了已編輯過的完整課程內容，本系列叢書完整呈現仁波切開示菩提道次第的各種法類。

本書《我有這麼好命？》就是以這種方式進行，先盡可能蒐集仁波切提到暇滿人身的開示，將內容分門別類，接著參考帕繃喀仁波切著作《掌中解脫》科判，喇嘛梭巴仁波切在其早期課程就是依《掌中解脫》架構。仁波切每年在加德滿都柯槃寺一個月，我從道次第課程所說的各種開示當中，設計出範本，然後蒐集智庫裡關於仁波切提到暇滿人身的所有開示，再加進範本。

接著進入全文編輯階段，我試著保有仁波切隨意、經驗式的風格，包含許多軼事，大部分像是譬喻的佛教公案，他說法時經常提到軼事及公案。

我們先準確校對逐字稿，接著再編輯文稿，所以我們有信心，本書內容是仁波切如實的教導。錯誤及不清楚之處，全是編輯的責任。本書內容來自仁波切多次在不同時間對不同聽眾的教導，儘管我已經努力避免重複，但不可避免地，仍有些內容彼此相互對應，希望重複內容帶加強效果，而非單調乏味。

仁波切在引述經論時，這些內容應該視為一段話，而不是逐字翻譯。當他引用一部經論，我只以英文列出經論名稱，除了《菩提道次第廣論》之外，因為這部論的藏文名稱（Lam-rim Chen-mo）比長長的英文名稱更廣為人知。在引用經論其梵文或藏文名稱上，請翻閱參考書目。

總的來說，本書擷取仁波切在世界各地超過一百四十場以上的開示[1]，有很多人參與這項工作，共投入多少小時呢？參與這書製作的人數又有多少位呢？我沒辦法一一細數名字，實在太多人

1 本書最後編輯摘錄了從一九七二年第二屆柯槃寺課程到二〇〇九年在金剛瑜伽母中心舉辦的六字大明咒閉關，耶喜喇嘛智庫資料編號005、014、017、018、022、027、028、029、081、089、091、092、095、096、102、107、111、119、122、139、149、163、169、170、181、182、203、278、328、350、359、368、395、399、425、436、469、475、476、488、511、514、566、627、634、737、788、823、831、836、851、852、984、944、996、1005、1045、1055、1061、1090、1095、1111、1124、1152、1169、1172、1184、1186、1203、1238、1247、1331、1381、1388、1399、1402、1410、1413、1441、1443、1470、1478、1588、1604

了。我能做的是，對於付出甚多的每個人致上深切謝意。

最重要的一點，我打從心底深處感恩喇嘛梭巴仁波切，由於他的啟發才有這一切，這些殊勝的佛學是來自仁波切。對我而言，他就是活生生的典範。人具足悲心及智慧時，做出的事是多麼地不同，任何事都有可能成辦。祈願從製作本書的任何微小資糧，迴向仁波切長壽健康、聖願實現。

寫於英國 巴斯

二〇一三年三月

一　佛法（Dharma）是什麼？

◆我們一定要跟隨的道路

一般人都會對奇奇怪怪的事感到興奮。我最近看到有群人要把球踢進掛在兩根柱子中間的網子，成千上萬觀眾歡呼喝采，雙手高舉，同時電視機前有數百萬位觀眾正在收看。每個人興奮到無法自己，其實呢，他們臉上表情扭曲到我根本分辨不出是極度快樂或痛苦至極。世界盃似乎對很多人來說茲事體大，但「你的」國家踢贏「我的」國家時，也引起痛苦、嫉妒、憤怒、憎恨。

另一方面，僅僅生而為人，這一點才是值得感到振奮、快樂的真正原因。如果我們真的清楚生而為人其中一丁點價值，比起那些高興到跳起來，歡呼大叫的球迷，我們更有一百萬倍理由這麼做。每一天、每一秒，都應該打從內心感到極為歡喜能擁有這麼珍貴的資產，讓我們有機會做任何想做的事，以此人身，可以達成任何想要的目標，能自利利他。

人在運動領域或各種事情上都想追求卓越，不管做什麼都要當龍頭。但奧運奪牌、登頂艾弗列斯峰（聖母峰），一般人視為偉大成就的這些事情，其實真的沒什麼，因為我們要是沒在今生辦到，過去世也做過這類事無數次了，這種成就當然沒讓我們過得更快樂。

事實上，我們在無數過去世，體驗各種享受無數次了。現在想像不到自己過去生曾享受過的欲樂程度，沒有任何一種快樂或經驗我們不曾體驗過。我們曾投生到天道，那裡完全沒有明顯的苦，也曾獲證甚深止的殊勝力量，就如帕繃喀大師（Pabongka Dechen Nyingpo）講解〈三主要道〉[2]有提到，就算有人在耳旁擊大鼓，我們仍文風不動。我們甚至也曾有過相當高的神通力，例如能飛上天的能力，沒有一項神通力我們不曾經歷過，這類事情之所以看起來很特別，是因為我們還不明白前後世的道理，因此沒有覺察到，無始以來在過去世已一再重複過了。

在尼泊爾柯槃寺（Kopan Monastery）[3]舉行的禪修（meditation）課程，早期第一批學員參加的理由各有不同，當時有很多位嬉皮參加，他們也讀過一些書，像是《西藏度亡經》或《第三隻眼》[4]，書裡提到可以從禪修獲得神奇力量，例如騰空飛起。其實能飛沒什麼特別，世上有千萬億隻鳥也會飛，會飛這項能力，難道是鳥得到快樂的祕訣嗎？有些學員則是對星球旅行或身體發出光環有興趣，螢火蟲閃閃發光，我們難道真的想變成牠們那樣嗎？

---

2 帕繃喀大師（Pabongka Dechen Nyingpo Rinpoche，1871-1941）：修行證量極高的上師，第十四世達賴喇嘛尊者高級親教師及初級親教師的根本上師，著有《掌中解脫》，喇嘛梭巴仁波切在早期的一個月禪修課程（因此本系列也是）大部分架構是參考此書。〈三主要道〉是宗喀巴大師（Lama Tsongkhapa）寫給某弟子的一封信，是格魯派的重要頌文。

3 柯槃寺是 FPMT 的祖寺，從一九七一年開始，每年會辦為期一個月的禪修課程。

4 在七〇年代早期，西方只有少數幾本藏傳佛教的書，由伊文思．溫慈（W.Y.Evans-Wentz）翻譯的《西藏度亡經》便是其中一本，書中敘述人死後到下一世的中間階段，對於不熟悉佛教思想的讀者來說，此書許多內容太奇異古怪。《第三隻眼》作者為羅桑倫巴「喇嘛」，在當時轟動西方社會，描述西藏出家人透過禪定獲得驚人力量，包括眉心處長出第三隻眼，羅桑倫巴後來被踢爆是騙子。

事實上，儘管最厲害的神奇力量聽起來十分驚人，也不過是世俗成就，長遠來看沒什麼重要性，這些沒辦法擔保我們能獲得真正的快樂，也不能幫我們解脫（liberation）。我們現在就被困在這種不滿足的循環，世俗成就沒辦法消除煩惱（delusions），連減輕煩惱都談不上，而唯一能夠毀壞我們的痛苦，讓我們感到快樂的，就是消除煩惱。

沒有任何一件輪迴（samsara）事情能持久，這是輪迴事情的真正本質，我為了要達成輪迴之事，必須歷經辛苦，但擁有輪迴之樂一小段時間後，它們又消失無蹤影了，再度留下不滿足的自己。此外，想追求今生世俗享受的動機下，達成這種本質的事情，正如我們將看到，這是屬於不善動機以及未來受苦的因[5]。

當然，有許多成員之所以來柯槃寺，因為他們發現，西方社會所提供的快樂，在某種程度上是虛幻的。即便住紐約這類大都會的人，看穿物質進步這回事，發現光是物質進步仍不夠，即便每年持續進步，人卻沒有逐年更快樂。

一項新發明解決了某個問題，隨即出現更多待解決的問題。社會變得愈複雜時，隨之而來的問題也會愈複雜。這些學員看到社會在解決問題的方法有所欠缺，參加早期柯槃寺課程的人，不滿意社會仰賴外在方式去解決內在問題，他們直覺，一定有更深入、更具意義的方式來獲得快樂。光是踏出這一步，就是很睿智的行動，它開啟了通往內在平靜的大門。外頭是個瘋狂、充滿迷惑的世界，但他們找到了指向美麗公園的大門。

5 仁波切著作《為什麼要在乎？》對此有詳加闡述。

就在此刻，有此珍貴人身，便具足順緣，能超越外在混亂；因為擁有佛法，就能明白什麼是苦、如何離苦，什麼才是真正的快樂，還有如何得到快樂。

「佛法」指任何能帶領我們朝向快樂、遠離痛苦的內容，只要能摧毀痛苦的根本——煩惱及業（karma），就是佛法。佛法這條路一定要走，不論是否自認為佛弟子，只有出離苦因，例如貪心，培養悲心（compassion），對於實相本質有正確的瞭解，自己才能真正得到解脫，而這部分才是我們該努力去擁有的新體驗，而非擁有飛行神通。解脫才是我們在過去未曾辦到的。

能讓我們得以解脫的內容就是佛法，不過一般所謂的佛法，常被認為是佛陀給予的開示。據說歷史上的佛陀——釋迦牟尼佛（Shakyamuni Buddha），在兩千六百年之前成佛後至涅槃之間，四十年來傳了八萬四千法門。佛陀開演了不可思議的教法，藏傳佛教將佛法分門別類成一系統，使其更易修學及實證，這一系統就是道次第（lam-rim）。

於此要增長的三個主要方面，包括：脫離輪迴，為了要利益一切有情（sentient being）在利他動機下而成就佛果的菩提心（bodhicitta），還有瞭解空性（emptiness）的正空見。這些內容以次第性的安排，從一開始需要善知識（virtuous friend），到最後成佛當下所需要的最微細心。道次第包含了帶領我們往究竟成佛這一條道路上需要的種種一切。

事實上，我能信心十足地說，佛法精髓是道次第。當偉大的印度大師阿底峽尊者從印度那爛陀大學（Nalanda）到西藏，尊者將一切佛陀教法濃縮為有次第性的道路，沒有遺漏任何教法。自此之後，西藏師長像是宗喀巴大師寫了道次第的釋論，研讀這些釋論就能理解道次第如何呈現佛法整體樣貌。

以做奶油來相較，牛奶富營養，而奶油是牛奶的精華製品，牛奶可做成其他東西，但奶油仍是究竟的精要。偉大的佛學家及瑜伽士（yogi），例如宗喀巴大師[6]，以自身經驗來弘揚不可思議的教法，他們所擁有的學識及瞭解之深，我們連揣測都沒辦法。他們能從甚深的理解淬取精要，也就是奶油，並清楚地指出我們從現有起點開始，一直通往成佛的必經道路。

光是當下，我們就擁有不可思議的自由，也有足夠的聰明才智及閒暇，而且也有興趣聽聞佛法。我認為要是你們對此有些許探究，會發現這是真實不虛的。

關於暇滿人身（**perfect human rebirth**），傳統上會解釋八有暇及十圓滿（**eight freedoms and ten richnesses**），這些教法很清楚地告訴我們，我們現在有多麼幸運，還有我們目前處在這種狀態多麼地希有。就在此刻，我們握有達成目標的方法，有辦法產生圓滿快樂的原因，可不能浪費此珍貴良機，這一點非常重要。

沒有學習道次第的話，難以珍惜現在這麼希罕的機會，也難以善用人身。或許我們試著去禪修，也會祈願，或研讀佛經（sutra），或甚至自稱佛教徒，但要是缺少了道次第這麼好的底子，會難以發現到，不光學佛修行有多麼重要，而且沒有其他重要的事了，學佛修行是人生最重要的事。

首先，應當明白，沒有佛法等於完全沒有快樂可言，沒有絲毫快樂。能帶給有情快樂的就是佛法。今天我們感受到任何微小的快樂，都是直接來自過去善業（virtue），而善業指的就是佛法，不論是布施、慈愛、安忍或者正見；未來會感受到的快樂，也端賴現在造的善業，這也是佛法。

6 宗喀巴大師（Lama Je Tsongkhapa, 1357-1417）：創立四大教派之一的格魯派（Gelug），也振興許多經續傳承及西藏寺院的傳統。

要過有意義的人生，就得要做有意義的行為，意思是：清楚自己現在有這麼寶貴的機會是多麼幸運，決定不虛擲人生，這會讓我們生起心力，能走在眼前漫漫長路的主因即此。修行是一段漫長又艱辛的旅程，我們需要培養出許多本事，就像是遠征考察隊需要多位挶夫。由於我們之前從未成功過，也因為這是一場個人心靈之旅，路途有許多障礙、阻礙，因此會困難重重。要從痛苦獲得徹底的自由、解脫及成佛，我們要消滅所有自造的內心阻礙（相較之下，毀了地球還比較容易）。

不過，這是一場我們必須踏上的壯旅，道次第是地圖，帶我們直通捷徑，不會迷失方向，這地圖起先是瞭解「暇滿人身」。所以，旅程一開始，對於什麼是暇滿人身，要有非常清楚的瞭解，明白暇滿人身相當難得又脆弱，以及依著暇滿人身帶來殊勝利益，先有這些認識非常好。

傳統上，像是宗喀巴大師著作《菩提道次第廣論》及帕繃喀大師著作《掌中解脫》，提到傳承可直接追溯至釋迦牟尼佛，闡述道次第的殊勝傳承上師，以及上師的重要性。在這些內容之後，道次第主要分二大部分：

一、說服自己要取得暇滿人身精要。

二、以實際方法取得暇滿人身精要。

整個成佛道路的其他部分就是關於實際方法，所以你就可看到，這些豐富的教導當中，暇滿人身教法最為核心，亦是基礎。

我想在本書解釋第一部分，也就是瞭解何謂暇滿人身，以及為何暇滿人身如此重要。宗喀巴大師及帕繃喀大師的著作，在暇滿人身的開示分成三部分：

一、以八暇十圓滿定義暇滿人身。

二、暇滿人身具有的廣大利益。

三、難以再獲得暇滿人身。

再者，像宗喀巴大師及帕繃喀大師等等諸多上師，在其廣大道次第著作一開始，會有一部分是期勉弟子善用暇滿人身，本書基本上也依照此架構。

什麼是佛法

「佛法」在梵文的意思指「救護」，任何能拯救一切有情離苦及苦因，都是佛法，全都含括其中了。「有情」的意思是任何還沒有成佛、具有意識的對象，也就是其內心能作用，而且自然而然想離苦得樂；而痛苦是指任何不欲的對境，從最劇烈的熱地獄（hell）苦到最輕微的天人（deva）受到的行苦（pervasive compounding suffering）都是。

例如，要是從很陡的懸崖墜落，底下的石頭會把身體弄得支離破碎，唯一能拯救我們的東西就是懸崖邊緣上的繩子；為了能活命，對我們來說最重要的事，就是握緊繩子，這就是佛法的意思。佛法拯救我們不受苦，可以說，佛法是任何能指引我們朝向快樂、消除痛苦的內容。以繩子為喻是個好比喻，因為這比喻也讓我們知道，自己需要付出努力，繩子就在那兒，可以幫我們一把，為了脫離險境，自己一定要握住繩子往上爬。

阿底峽（Atisha）尊者[7]的弟子——種敦巴尊者（Dromtönpa），曾請阿底峽尊者解釋，要是懷著三種佛教稱的毒——貪（attahment）、嗔、癡，所做的行為會招致什麼結果，另一方面，沒懷著三毒所做的行為又導致什麼結果。阿底峽尊者回答：

「懷著痴、嗔、貪所做的行為，會生到三惡道（lower realms）成為受苦的流轉有情（transmigratory beings）[8]。貪導致生於餓鬼道；嗔導致生於地獄道；痴導致生於畜生道。沒有懷著三毒所做的行為，結果是投生到三善道，成為快樂的流轉有情。」

阿底峽尊者在這裡清楚解釋了什麼是佛法，而什麼是屬於世間行為的非佛法。源自煩惱所做出的行為會感得痛苦結果；源自善心的行為，也就是符合佛法的行為，則是一切快樂來源。

如果想要快樂，第一件必須做的事就是：知道什麼行為會讓我們快樂，並力行實踐；會帶給我們痛苦的行為，則要避而遠之。這就是學佛的精要之處。好好地檢視，會發現：任何受到煩惱心的貪、嗔、癡三毒，以及眾多源自三毒的其他煩惱影響所做的行為，會導致痛苦；以良善的動機，例如慈愛心（loving kindness）、布施等等所做的行為，則帶來快樂的結果。這是千真萬確的，事實上，這就是業力[9]的基本事實。

---

7 阿底峽尊者（982-1054）：名聞遐邇的印度大師，在西元一四〇二年至西藏振興佛教，創立噶當派，所著的《菩提道炬論》是第一部菩提道次第典籍。種敦巴尊者（Dromtönpa, 1005-64）是其翻譯及心子，並將噶當派傳承發揚光大。

8 從一世「流轉」到另一世，被困在輪迴裡的有情。

9 「業決定」是業的四個特質之一，可參閱即將出版仁波切談業力的書。

我們很容易就能發現嗔、嫉妒等等是負面的，只會帶來種種問題，即便貪心也是如此。舉個簡單例子，像是吃東西、閱讀、走路，這些行為被貪所染的時候，就是屬於不善（nonvirtue），也是未來受苦的肇因。我們每天花數個小時唸經文，也禪修、供養、讀佛書，但要是這些行為受貪驅使，例如想要從中獲得好名聲，即便看似善行，事實卻是不善；看似如法，事實卻不如法；我們可能看似佛法修行者，事實並非如此。

我們對這一點要非常清楚，善或不善不在於行為，而是行為背後的內心，也就是行為舉止的動機，是由動機決定善或惡、如法或不如法。吃東西、睡覺或工作，很容易就被攀取今生快樂所污染，而變成不善的；因此善的法行，像是持咒（mantra），心懷著貪或嗔去做的話，則會變成不善。外在行為像善行，但是導致的結果會是快樂或痛苦，其中差別可是天差地遠。行為會帶來善或不善的結果，取決於動機是善或不善。

快樂及痛苦來自內心

快樂有兩種，一種是世間的、世俗的快樂，另一種則是佛法的快樂。三惡道有情基本上無法體會到任何一種快樂；三善道除了人道之外，其他善道大部分有情也無法體會佛法之樂。我們一旦明白追逐的世俗快樂、五欲，其實它們是痛苦的另一種型態；接著我們瞭解，只有以此人身，而且只在目前擁有全部的獨特條件下，才能超越俗慮，從學佛修行變成真正快樂的人，這就是今生多麼珍貴的原因。

稍後會談其他道的有情，像是在三惡道有情，以及天道有情，讓我們先概略想想地球上大部分人所處的情況。如果我們眼光遠大，能超越表面差異，試著去瞭解每個人每天都在做些什麼事，就能看到，大家做的事都是想「遠離痛苦」及「得到快樂」這兩件事，這就是所有人在做的事，不管以什麼型態表現出來，像是事業成功、關係美滿、財富盈滿。

但有多少人成功達到「快樂」這個簡單目標呢？有多少人真正感到心滿意足呢？有多少人會說，自己的生活沒有痛苦只有快樂呢？我想，要是你深入探討，會發現很少人對這幾個問題可以真的回答：「我有。」

為什麼地球上的人類沒有真正的平靜？因為絕大部分人仍受無明（ignorance）控制，內心焦慮、不調伏，不知該如何找到真正的快樂。對大部分的人來說，快樂來自於周遭事物、自己與他人的關係、金錢、旅遊、財物等等，需要孜孜矻矻地努力，常常還以其他方式傷害有情才能得到。大部分人無法領會出，事實上快樂是指內心的狀態，快樂源於善。他們做了不善業，卻想從中獲得快樂，還想不透為何從來不曾有過真正的快樂。他們把「快樂」跟「得到想要的東西」劃上等號，不明白佛法帶來的平靜才是真正的快樂。

有人藉由環遊世界找尋快樂，不是藉由學佛修行，不知道其實快樂一直都在自己內在。他們從孩提時期直到死亡，在這段人生期間旅遊多國，攀越不同山頭，行遊四方，仍不得自由，依舊缺少了什麼。獲得財物、經驗、知識，不管快樂需要怎麼樣的方式來獲得，一旦仰賴外在方法，永遠會缺少了什麼。

這就是為何瞭解業果之理如此要緊，除非我們能清楚看到，快樂及痛苦兩者唯心所造——快樂是善心的結果，痛苦是不善心的結果——不然就會繼續做出以不善行來追尋快樂的此類錯誤。外在東西不會帶給我們快樂，如同向日葵長自向日葵種子一樣，快樂長自過去善行。如果現在過得不快樂，是由於過去做了不善行為，要是想要將來過得快樂，一定要從今起只行善，道理就是這麼簡單。不過，直到我們深信一切快樂及痛苦都是源自內心，而非源自外在因素，而且對於善業跟惡業有清楚的瞭解之前，能善巧地朝快樂方向努力的能力還不夠。

我們必須要看清楚「外在事物等同快樂」這種想法的缺失。活在二十一世紀的我們，會比兩百年前或兩千年前的人活得更快樂嗎？我們當然擁有更多東西，我不是質疑現代的人沒有過得更舒服、懂更多知識、有更多財物，但我們有過得更快樂嗎？如果從前過得快樂的原因在於物質受用，現在應該要比以前過得更平靜、更快樂才對。顯而易見，事實不是如此。事實上，原始人類沒有過得比我們現在舒適，房子裡沒堆滿東西，也沒電器用品，卻還過得遠比我們快樂。就算地球當時還沒發明任何機器，人過得還更平靜。不用追溯遠古之前也能看到這一點，要是看看當今進步的國家，與其他比較貧窮、「落後」國家相比，會發現那些有比較多東西的國民，不見得比缺乏的國民還更快樂。

我們找得到有哪位富翁跟沒有錢的人相比，富翁過得更自由、更平靜嗎？如果研究一下，會發現財富並不等同快樂。對大部分的人來說，更多財富及權力，代表更大的責任跟擔憂、更大的壓力及痛苦。有很多百萬富翁過得十分痛苦，而且富裕國家自殺率要比貧窮國家還高很多。

如果物質受用及財富真的是幸福平靜及快樂的來源，我們早得到了，因為過去我們曾擁有許多財富，有過無數財物，但內心仍是無明的。把我們內心從負面的、攀執的「我！我！我！」這種心，轉成正向的、開放的、無私的，這就是朝向圓滿幸福的方法。

負面念頭成千上萬種，世上所有珠寶甚至無法摧毀當中任何一個。造成我們做出具傷害性行為的眾多煩惱當中，這些珠寶甚至連最輕微的煩惱都無法消滅。我們可能有一陣子把不快樂拋在腦後，假裝沒這回事，但我們只是在讓自己習慣物質舒適；有些內心痛苦暫時壓下，不代表結束所有痛苦。從佛法觀點來看，真正的止息是不再造下持續受苦的因。

除非明白痛苦的本質，否則無法得知造成痛苦的原因，也無法得知以及獲得圓滿快樂的方法。以暫時方法來壓下暫時痛苦，只會造下更多痛苦的因；這麼做的話，只會造下更多痛苦，錯以為自己做的事可以停止痛苦。受困在一直追逐世間快樂、塵世享受的話，不僅是壞了得到真正快樂的機會，還保證永遠得不到那些我們想要的微小、暫時的快樂。我們永遠會碰到問題，而且追求塵世享受必須不斷地付出極大辛勞。自己變成了貪求世間享樂的奴隸，被貪心逼迫著要竭盡心力地滿足它。

我們現在的狀態之所以相當獨特，在於有得選擇。動物沒得選擇，赤貧的人沒得選擇，但暇滿人身介於兩者，既沒有太強烈的痛苦，也沒有太強烈的享受。人受到的痛苦程度足夠讓人想出離痛苦，沒有強烈到令人絕望，整個人被痛苦淹沒，因此，人能容易看到其他受苦的有情，並生起悲心。

我們能選擇研究獲得快樂的原因；能選擇學習運用內心這工具，藉由學習禪修來得到快樂；我們可以聽從偉大師長的教言，也夠聰慧，能理解師長說的內容；我們能閱讀佛書，擁有從中看到實相的智慧，以及過如法生活的聰慧力。

我們具有創造圓滿快樂及斷除痛苦種子的能力，這不是很厲害嗎？在一分鐘之內，能聽聞業果之理、快樂之因，還能懂能理解。進一步地，我們的內心沒有被粗重煩惱覆障而變得模糊不清，所以當我們聽到業果及痛苦時，能以智慧做出正確選擇，於是之後每一天每一剎那，做的每件事都能如法。

◆快樂的內在科學

世上還有很多事情超乎我們的理解範圍，像是微細空性的闡述等等；再者，由於其他道有情不在我們生活經驗當中，我們聽到有其他道有情，會很難相信他們真的存在。但這些是佛陀說過的內容，在印度、西藏及其他佛教國家歷代傳下，也被偉大聖者、瑜伽士證實無誤。光憑難以推測的這一點，並不表示我們就該不予以考慮。

我們親眼看到畜生道有情，認同動物處於可憐的狀態；的確還有其他道有情，像是天道的天人、受到不可思議飢渴控制的餓鬼、承受無法言喻劇苦的地獄道有情。有許多偉大的瑜伽士，修行證量極高，的確有見到這些道的有情，並告訴我們種種情況。我們看不見其他道有情，就否認他們不存在，光是這理由並不夠充分。我們之所以看不到真相，是由於業障，內心被煩惱迷惑住。

我們的障礙也阻擋自己體認「心是無始的」這一點。或許我們從來沒想過這件事，也可能想過卻斷然否認，也或許不曾真正想過這件事的重要性；但是，當我們看到現在的心，其實從無始以來就一直跟著我們，此世死後仍會繼續跟我們到來世、再下一世、下下一世等等，一旦瞭解這一點，可能會嚇一大跳。但如果缺少對心相續的基本認識，而去禪修道次第其他法類，其實沒什麼意義可言，只會感覺像是沉重無比的大石，或無法攀登的高山，也因此我們或許還寧願相信不真實的事，而不是去探索這些禪修的涵意。

明白「心是無始的」的這一點極為重要，由此，前後世對我們才會變得真實；接著會明白我們在過去世造下的業習氣，如何在現在的內心續流成熟，導致自己感到快樂或痛苦；而現在的所作所為會造成的結果，不只是影響這輩子的以後，還會影響未來生生世世。清楚這一點的話，突然間，我們的世界會變得廣大開闊，每件事都顯得舉足輕重。

佛教確實是內在科學，我們都需要認識內心，包括什麼是心（mind）？心如何作用？要如何運用內心來得到真正的快樂以及究竟成就佛果位（buddhahood）？這就是為何佛教相當強調禪修。只有透過禪修，觀察自心情況，才能真正瞭解內心，研讀再多關於內心的書，卻沒有加以禪修，就像是讀遍了整個印度，但從來沒踏上印度。

這是內在科學，不是學校課程教的外在科學。我們在這裡探討的內容，對於要見到世界實相極其重要，真正的瞭解不是實徵知識，而是從瞭解內心而產生的內在智慧。醫學研究人員或許能告訴我們，為什麼某人會死於某種疾病，但他[10]沒辦法告訴我們，為何每個人一生下來注定會死。只依賴外在實驗，不去探究內在原因的話，當代科學永遠都會有缺失，沒辦法深入瞭解，給出究竟的答案。沒有依靠佛法這種內在科學，對於生命終將一死及再投生的主要原因，不管投入多少劫（eon）時間研究外在對象，終究無功而返。

10 也可指她。英文沒有不指定第三人稱的符合字彙，以「他們」（they）指稱也不恰當，因此本書會交互使用不同性別指稱。

例如，以前人壽長達數千年，而當今平均壽命減少，為什麼會這樣？科學家甚至會嚴加否認有這件事，但科學家無視於偉大瑜伽士對此的清楚認識。禪修者修行能達到愈來愈高的境界，像是這類的微細了知，對他們來說，變得愈來愈清楚，不只是某位禪修者的經驗，而是無量諸佛的經驗。

只有擁有暇滿人身的我們，能變成內在科學家，發覺快樂的真正原因。我們的寵物辦不到，就算整天不斷播放佛法開示給牠們聽，牠們還是沒有能力瞭解，牠們缺乏聽聞佛法的這種有暇，也沒辦法溝通任何有意義的事情。

有些人住在宗教受到打壓的國家，因此沒有獲得智慧的管道，這些人從來沒看過佛像，遑論讀到佛法；有些人由於身心障礙，無法瞭解佛法；有些人目盲，沒辦法從看到佛像產生的心理影響，得到受益；有些人業障深重，明明站在佛像正前方卻看不到佛像。在《掌中解脫》提到有則公案，有個人看著佛像，由於自身業障，竟看到一大堆肉。

我們沒有上述的問題，真的是不可思議的幸運！佛陀教導我們，從最簡單的道次第到最高深法類內容，我們都有機會能研讀、禪修、明白佛法。我們有增長利他心的機會，也就是為了饒益有情，希望自己全然覺醒的想法，以及瞭解萬事萬物的實相——空性，有了這暇滿人身，沒有任何事是我們無法懂的。

只有透過佛陀的加持，我們才能辦到。我們已經從具格師長之處獲得寶貴教法，無法追溯至佛陀的直接關係的話，就無法保證這些是純淨教法，能一路引導我們。這就是為何道次第一開始的法類是關於上師的功德，具格師長是道次第的起點，沒有具格師長，我們無從得知自己修的是否能真正利益到自己。

整個修行道路從依止上師此重要起點鋪展開來，道次第就是如此，道次第是通往成佛的階段道路，當中每個法類皆符合三士道的修持，全都具備了，包括：朝向更好來世的下士夫道路；朝向解脫輪迴的中士夫道路；朝向證悟成佛的上士夫道路。中士道及上士道要依於完全理解跟體悟下士道，所以三士道每個都很重要。

內心朝向證悟成佛而努力的話，則需要建立在出離輪迴的中士道。反過來說，中士道需要建立體悟前行（preliminaries）法類，例如暇滿人身、無常（impermanence）、死亡、皈依（refuge）及業力因果的下士道。換句話說，道次第任何法類一個都不能少。

這不像吃到飽，我們可以隨意夾菜，任意選擇喜歡吃的食物。或許禪修三惡道感覺太痛苦了，就省去不去修了。或者是要努力瞭解空性似乎太花腦筋，便不想費心學習空性。不可以這樣，我們不能像去吃到飽餐廳那樣對待道次第，整個宴席的每道菜都必須吃下去，否則得不到想要的解脫輪迴或證悟成佛。

或許我們心腸很好了，有好心腸真的很棒，不過光是這點，並沒辦法讓我們解脫或成佛，我們需要證得菩提心；為了要證得菩提心，必須完全出離輪迴；為了要出離輪迴，必須要清楚每位有情受到的痛苦；為了要清楚每位有情所受的苦，就必須明白痛苦的本質。一旦進一步探究道次第，會發現到，上個法類銜接下個法類，因此所有的法類一個都不能少。

繼修行道路最初的依止善知識之後，接下來是禪修暇滿人身、明白因果業力、修皈依；為了加深自己許下的承諾，就要瞭解死亡無常。但要是我們浪費現在擁有珍貴且獨一無二、只有這一次的暇滿人身機會，就不可能修證上述的法類，這就是為何偉大的禪修者——宗喀巴大師，他形成了道次第整個架構，將道次第分成兩個部分。第一部分是，珍惜今生具備有暇及圓滿的暇滿人身；接著是如何善用此機會，其餘道次第法類談的內容就是如何善用人身。從死亡無常開始，接著是皈依、業力因果，直到獲得圓滿佛果位，這就是何以瞭解暇滿人身對修行旅程至關緊要的原因。

橫渡輪迴的船筏

寂天菩薩（Shantideva）在《入菩薩行論》提到：

> 依此人身筏，能渡大苦海；此筏難復得，愚者勿貪眠[11]。

輪迴當中無盡生死流轉，我們都因業及煩惱被束縛於輪迴。常有形容輪迴是河流或大海，有情載浮載沉著，而解脫輪迴及證悟成佛就如抵達彼岸。偉大的八世紀印度聖者寂天菩薩，在此偈頌將我們現有的珍貴人身比喻成「能橫渡輪迴苦海的船筏」，只有現在這時候，只有我們擁有這「人身船筏」的時候方能橫渡。我們沒辦法肯定會再擁有這樣的機會。寂天菩薩極力勸誡我們，趁著擁有此暇滿人身之際，必須就從現在善用獨一無二的機會。此處貪眠指，要是浪費這次機會，這麼做真是太蠢了。

這就是我們擁有此人身的道理，這就是生命的意義。

11 寂天（二〇〇四）。《入菩薩行》。如石：諦聽文化。第七品，第十四偈頌。

想像一下，我們正處在十分可怖的地方，一旦越過寬闊又危機四伏的大河，要是能辦到的話，即能踏上美妙的土地。我們現在有艘船，必須要把船推進河中，不論遭逢什麼困難，都要橫渡大河。我們能擁有這艘船是多麼棒的一件事啊！如此一來就有機會拯救自己了，我們真的太幸運了，應該覺得開心極了！不過，毋庸置疑，倘若自己太懶惰，什麼都不做，則會永遠困在可怕之處。不能再拖延下去，一秒鐘都拖不得，要是再拖延，這個珍貴機會可能會被奪走，如同我們暇滿人身有可能隨時會劃下句點，肯定沒時間再睡了，沒時間再困於無明。

無明是暗黑又沉重的心。從很多方面來看，無明就像沉睡不醒，沉睡時就算出現危險，我們仍然對周遭發生的事情一無所知；要是不努力讓內心從無明當中覺醒過來，獲得智慧，反倒投入所有精力在獲得世俗享受上，那麼我們一切行為舉止只會造下更多的無明。只要我們為貪、嗔、慢、嫉妒等等眾多煩惱做事，等於是為無明做事。

因為對內心真實本質的無明，導致我們一直以來，做的跟內心想要的，兩者事實上背道而馳。只要我們還受煩惱控制，就會一直在行為及語言犯下錯誤，不管我們想要離苦得樂的這個意願持續多久時間、程度有多強烈，在運用人身的方式會一再失敗。如此使用珍貴人身的話，不但無法過有意義的人生，還持續自欺下去，讓自己永久監禁在輪迴。

我們也會瞭解到，要造下此暇滿人身的因，難度不可思議。我們在過去很多世、很多世無疲倦努力著，如法持戒、廣修布施，就是一心一意想得到現在我們擁有的暇滿人身。所以，我們真的欠自己太多了，可不能把過去心血付諸東流。我們的目標不應該只是想，下一輩子過得比較好、比較舒服而已，而是要為了一切慈愛的母有情，自己要證悟成佛。任何比這個還低的目標，都不值得以

「我們現在擁有了不起人身」去努力。我們的確有達到此目標的潛力，這就是何以寂天菩薩把暇滿人身比喻為船，藉著這艘船能橫渡輪迴大海，到達解脫彼岸。

我們也能把暇滿人身想成開啟瞭解大門的鑰匙，或是治癒一切疾病的藥。

由於心的根本是清淨的——心的精髓為佛性——也由於造成我們一切問題的煩惱跟心並非一體，所以煩惱能被摧毀，我們必定能獲得佛果。不管現在多麼煩惱深重，不論碰到什麼樣的身心問題，像是患了惡性腫瘤或AIDS、車禍造成癱瘓，覺得自己一文不值又沒人愛，這些種種問題只是暫時的，不會永久。它們就像是瀰漫天空的霧，霧跟天空非一體，正如霧不會永遠籠罩天空，我們的問題也不會永久。

無常是一切事物的本質，所以這些問題一定會過去。在天色暗黑，濃霧籠罩時，看似濃霧永遠不會散去，但我們心中確信濃霧終會散去，看待自己遇到問題，一定也要有如此的確信。

之所以發生某個問題，是因緣聚合的結果，不過由於我們內在的佛性，我們能自覺地造下其他因緣，避免問題發生。我們不只能在粗的層次去除身心痛苦的因，甚至能消除最微細的痛苦，也就是一切痛苦核心的行苦。如此去修，生命會漸入佳境，不只是短時間的快樂，而是更多真正的快樂，還會一直持續下去，帶到未來生生世世。之所以辦得到，是因為此珍貴人身具有的特質。

到達彼岸之前，總會碰到問題，不論是生在三惡道，或生為最享樂的天人，或再生而為人，痛苦不斷接踵而來。佛陀告訴我們痛苦分三種類型：

1苦苦：一般人認為的痛苦。

2壞苦：一般人認為是快樂，其實不可靠，且仍是貪跟其他煩惱所造，本質仍是苦。

3 行苦：一切痛苦中最微細的痛苦，只要處在輪迴[12]就一定存在。就算是無色界（formless realm）天人，他們沒有身體，多劫時間處在禪定，依舊沒有脫離行苦，內心仍沒有脫離煩惱。沒有脫離煩惱的心則必然會墮落，粗重的煩惱將愈來愈熾盛，猶如花園漫生雜草。

因此，不可浪費此暇滿人身，我們做的每件事，都要帶著希望能脫離輪迴、獲得解脫果位的動機。不過，解脫輪迴還不是生命的究竟意義，還能更上一階。光是為自身快樂而想得到解脫，就需要不可思議的智慧及許多功德，但走上大乘（Mahayana）修行道路的話，一定要拋下只為自身解脫這種目標，做的每件事要為一切有情而做。大乘這條路更為艱難辛苦，但是會具有連愛我執（self-cherishing）的習氣都能斷除的能力。除此之外，沒有其他事情能完全實現我們具有的潛力。

現在我們感受到任何微小的快樂，都是源於過去造下跟其他有情相關的善業。所以，我們過去的一切快樂，都是由於有情的慈愛，正如珍愛自我是一切痛苦的來源，珍愛有情則是一切快樂的來源。我常說，一旦珍愛有情，同時也啟動了快樂。

佛的內心了知「等同無盡虛空的一切有情」所受的痛苦，佛能即刻了知，無勞地依照各有情能受到饒益的能力程度，給予最大的協助。我們要是一步步地斷除煩惱，就能將原本愛我執的態度換成愛他執。成佛意思指，為了帶領一切有情直至菩提，而斷除自身內心所有煩惱及煩惱習氣（imprints）。

12 仁波切下一本新書會談到輪迴整體痛苦，對這三種痛苦有完整的解釋。

藏傳佛教經常稱有情是「慈母有情」，這稱呼提醒著我們，自己的過去世有無數次，因此自己過去世的母親也無數，不可能指得出哪位有情過去不曾當過自己的母親。如果每位有情都曾當過我們的母親，而他們對待我們是令人難以置信的慈愛；再看看今生母親為自己做的一切：她懷胎九月，產下我們，哺育我們，教導我們，母親為了我們犧牲人生。從這點來看，很容易就能瞭解到，自己虧欠每位有情實在太多了；再看看有情受的痛苦，會讓我們無法忍受。

就好比今生身體孱弱又失明的老母親，步履蹣跚到高聳的懸崖邊緣，眼看就快墜崖了，我們會毫不猶豫地盡一切力量救老母親，甚至犧牲性命都在所不惜。對待每位有情的態度也應當如此，這也是我們能培養出來的態度，要回報一切慈愛母有情的恩惠，這是菩薩（bodhisattva）——擁有菩提心者——的目標，我們也的確有潛力能成為菩薩。

除了珍愛有情之外，沒有其他需要做的事了，這就是我們活在世間要做的事，也是我們從今開始直至獲得佛果位唯一要做的事。此暇滿人身讓我們能為一切有情做如此圓滿的事情，現在唯一欠缺的是立下決心。

如果佛法已經滅了，我們就沒辦法說，這條路是帶領自己得到解脫的圓滿道路；如果這些重要的法義在幾千年間滅失了，或者因為修行者錯解佛法，造成佛法走樣，我們就要承認佛法有缺失，不管多麼精勤學法修行，卻永遠無法成佛。但上述這些還不曾發生過，佛法在西藏的弘揚及實修，不只包括完整成佛道路的道次第，還有金剛乘（Vajrayana），也就是密續（tantra）深奧教法。

密續告訴我們，如何在修行道路[13]上，善巧結合方便（method）及智慧（wisdom），這一切仍存在於殊勝上師的聖心，而且由於上師證得的殊勝證量，能把佛法無瑕疵地傳給弟子，我們有機會挖掘這口智慧之井，並獲得證量，有機會能迅速證悟成佛，不是在遙遠將來的某個時間點，而是在今生就有機會辦到。

現在唯一缺少的，就是自己破釜沉舟的決心。一切掌握在自己手上，所有條件都到位了，就等著我們付諸行動。我們有佛法，有上師，有聰慧力，也有自由，現在只是在於自己選擇是否要追隨這條道路。我們擁有的所有特質，內在條件圓滿，外在條件也都到位了，佛法仍存在於世，而且有機會能親近善知識，但這些內外條件能持續多久呢？

有經典提到，很快就會走到再也沒有具格師長引導我們的時候，到時候還是會有佛書，或許我們還是會想要在修行道路有所進步，卻少了引導；要是沒有人能引導我們，成佛遙不可及，因為要瞭解最微細的法類，更重要的是要修證最微細的法類，要依靠具格上師的引導才行。

因此，務必下定決心善用每一刻。現在我們擁有如此身心，處在如此環境，擁有獨特且珍貴的機會能瞭解佛法，而且能生起佛道上的證量，要是我們努力而為，沒有辦不到的事，對這一點必須要清楚明白。也要明白自己擁有無窮潛力，不要畫地自限，被「我辦不到啊！我一點希望也沒有！」這種煩惱阻礙此珍貴機會。

該是懷著遠大理想的時候了，該是擬定廣大計畫的時候了，要對自己能夠一直進步直到究竟潛

---

13 佛教主要可分小乘（Hinayana）及大乘，大乘又分為經乘（Sutrayana）及密乘，只有密乘能夠同時結合佛法的方便及智慧，方便指的是增長正向情緒，例如慈心、悲心、平等心，而智慧指的內心瞭解實相的本質，例如空性。

力，而能達成目標感到快樂。佛陀及追隨佛陀的無數偉大瑜伽士是我們完美的典範，我們也非常幸運值遇到珍貴上師，從上師座下獲得教法，得到啟發，而且我們知道自己擁有跟上師一樣的潛力。釋迦牟尼佛曾經就像我們這樣，達賴喇嘛尊者（His Holiness Dalia Lama）也曾經像我們這樣，反過來說，我們也可以像釋迦牟尼佛跟達賴喇嘛尊者那樣。一切條件都有了，我們只需要下定決心去做。

二　八暇

◆定義暇滿人身

就如先前提到，宗喀巴大師把暇滿人身法類分為三項：暇滿人身的定義、獲得暇滿人身的利益、難以再獲暇滿人身。第一項顯示出，我們得到的暇滿人身有多麼珍貴：八種有暇——我們沒有處於八種狀態；以及十種圓滿——十種使人身相當特別的特質。

八有暇是：

一、沒生為地獄道有情
二、沒生為餓鬼道有情
三、沒生為畜生
四、沒生在長壽天

五、沒生在無佛出世時代
六、沒生在邊地
七、沒生為喑啞愚癡
八、沒生為外道

十圓滿是：
一、生而為人
二、生在有佛教的國家
三、五根具足
四、沒做出五無間業（five uninterrupted negative karmas）
五、相信佛法
六、生於有佛出世的時代
七、生於佛法仍住世的時代
八、生於有完整佛法的時代
九、生於有人追隨佛法的時代
十、具足學佛修行必要條件

只有具備全部十八種非凡的條件，才算有暇滿人身，接著方能善用此暇滿人身，提升內心至究竟潛力。

八有暇有時也被稱為「八歇息」，身而為人，不像在地獄道或畜生道那樣令人感到不安、憂苦的狀態。有些人稱八有暇為「八空閒」，但我認為「空閒」比較接近懶散之意，就像是躺坐著抽菸、喝酒的感覺，所以我個人比較喜歡「有暇」，因為我們沒有處於這八種不幸的狀態，而且這種有暇比沒受到痛苦的自由還更高一層，我們能依這八有暇實現自己想要的目標。

我們現在真的是自由自在嗎？如果有人邀我們去野餐，難道我們就能隨心所欲隨時去做嗎？或是需要先工作賺些錢呢？要是有人講到佛法艱深難懂之處，我們內心足夠清晰到明白通達嗎？或者會卡卡的呢？日常生活中，不論是享樂或佛法智慧的經驗，都是有局限的，沒辦法徹底體驗。不過，跟其他眾生相較，我們還是擁有不可思議的自由。

首先，我們身為人，沒有受三惡道痛苦，這一點在前三種有暇有提到。再者，我們也不是生在天道，在天道沒機會學佛。另外，我們也沒被邪見（heresy）完全障蔽，或沒有能力去瞭解佛法真實義。最後一點，我們活在釋迦牟尼佛的影響仍在世的時代，兩千六百年前世尊誕生在這世界，所幸佛法至今仍流傳世間，我們仍可從中獲得利益。

就像要眾多因素齊備，才有可能開心野餐；同樣地，也必須齊備許多因素，使得生而為人的今生，獲得全部有暇，讓我們能實現所有潛力。要是八有暇或十圓滿當中有缺漏，或許還有其他方式對自己有益，但終究是有所局限。

我們或許覺得自己目前生活過得還不賴，有些錢、有朋友、年輕又健康，要是想外出旅行，存些錢就能成行。我們大部分的朋友也過得不錯，所以這世界沒有太差啊！這種想法實在太狹隘了，我們把少數且暫時的快樂，盲目地認為是真實永久的快樂。佛陀在成佛後初轉法輪，教導四聖諦[14]，開示何謂痛苦的本質，這是因為，我們必須了悟，暫時的快樂並無法令人滿足，要出離痛苦，不僅為了自己，也是看到絕大多數有情所處的實際狀態，就是被可怕的痛苦淹沒。

之後會提到我們現在擁有的狀態是多麼希罕。不過，不能因此無視其他有情的痛苦，或者無視目前擁有的狀態，很有可能會煙消雲散，有可能來得很快、令人措手不及，接著，我們會處在大部分有情受著相同痛苦的情況。

當我們看看那些自己處於的有暇狀態，由於這些有暇對我們來說太難以置信了，我們或許會不相信有這麼一回事，我們是二十一世紀的人類，理性思考又聰明，根本不相信地獄之說。我們在青少年時期，因為聽到地獄之說，從天主教教堂溜走。不過，我們真能完全確定佛陀提到的三惡道是虛構的嗎？我們其實不是萬事通，也回憶不起自己出生後大部分的事，只能假設自己在母親子宮裡待了九個月；但這也只是邏輯上的想法，把母親告訴我們的話做為證明，憑自己很狹隘的知識去斷定真假。這麼做是很危險的。

進一步地，要說自己是對的一方，而佛陀還有追隨佛陀的高證量瑜伽士錯了，不僅是夜郎自大，還大錯特錯，也對佛陀極不敬。會說「我喜歡佛教，但佛教有些說法是錯的」的人，將會導致自己處於迷惑，阻礙自身進步。

我們對於很多事情其實都察覺不到，就像有朋友得了惡性腫瘤，但我們看不到腫瘤，難道就能

---

14 比起《轉法輪經》"Setting the Wheel of Dharma in Motion"（巴利語 Dammacakkappavattanasutta），《四聖諦》"The Four Noble Truths Sutra"還更常被提到，佛陀在瓦那那西附近的鹿野苑（Sarnath）對曾經一起修苦行的五比丘宣說四聖諦，包括苦諦、集諦、滅諦、道諦。

否認沒有腫瘤嗎？我們會想：「給我看 X 光片！證據在哪裡？」有很多事的確存在，我們沒辦法以自己狹隘的心覺察出來而已。有無限宇宙、無數生命的形式，我們不能因為這些超乎自己有限的理解，就否定存在。

當我們修行有所進步，懂得愈來愈多了，目前我們認為不可能的事，反而會顯得稀鬆平常。內心具有無限力量，內心明瞭事物的能力亦然，但我們必須要持續下功夫，提升內心的力量及明瞭力。在獲得佛果一切遍智之前，總會有自己無法明白的事，例如，唯有佛能看出最微細的業果面貌。

我們現有的智慧也有所局限，而佛的智慧卻是無限的。一聽到關於地獄道的描述，就直接斷定佛陀智慧是迷信的，認為自己的智慧比佛的智慧更高，這才是迷惑的想法。很可能是自己相當害怕接受三惡道的存在，看到三惡道的開示，認為很難理解或認為不可能存在，不願相信真的有這些痛苦。我們該做的是探索自身狹隘的內心，而不是毀謗佛法。要承認的確有三惡道苦，的確會令人感到痛苦，但這就是生命的實相，這就是輪迴，因為我們內心染污極重而看不到實相。

就某方面來說，觀修八有暇及十圓滿，也是在觀修悲心，因為我們必須想到，沒有機會學佛的有情會遭遇的種種問題。當我們想到動物，以及沒機會學佛的其他人，對他們會生起難以置信的悲心。藉由研讀此法類，會真正看到每一種有暇是多麼珍貴，相對地，失去該有暇又是多麼可怕。所有令人驚歎的條件全聚集了，其他絕大多數有情並沒有如此的經歷過，我們是自由的，其他有情是被困住的，由此我們能得到的唯一結論，便是自己務必盡洪荒之力，盡可能幫助他們，立下堅定決心，要生起菩提心珍貴寶。

或許，當你讀到這些有暇跟圓滿時，可能認為自己還真的缺少了其中一兩種。即便如此，你已經擁有絕大多數的圓滿，這般條件也會成為不可思議安樂之因。你在過去世如此孜孜不怠，真是令人驚歎，持守淨戒、做了不可思議的布施、發了能獲得如此人身的淨願，而現在就擁有了，多麼了不起啊！幾乎可說是奇蹟！

如果你認為自己少了一種有暇或圓滿，這就是修行很好的出發點：「這是我目前缺少的，我必須努力獲得。」這麼一來，就能活出更有意義的人生。

第一有暇：沒生為地獄道有情

八種有暇當中，第一種是沒生在地獄而有機會學佛。佛教宇宙觀認為有六道眾生，下三道包括地獄道有情、餓鬼道有情（hungry ghost）、畜生道有情，上三道則是人道、天道、阿修羅道。六道當中，地獄道有情遭遇最劇烈的痛苦。另外，下三道的有情無數無量，多過上三道有情數量，而地獄道有情數量又遠遠多過餓鬼道及畜生道有情數量的總和。生起嗔心（anger）、憤恨是生在地獄道的因，嗔心相當常見，有情很容易生起嗔恨。

對地獄道有情而言，痛苦是如此強烈，受苦及痛苦就是活在地獄的特點。地獄道有情內心裡，除了要忍受無法忍受的劇苦之外，沒有多餘的空間了；在地獄道感覺時間永無止盡地漫長，沒有絲毫的喘息，也不知道痛苦有天終究會結束……。

想像一下，要是有人把你丟進沸水桶，把你壓住，你那時沒辦法觀修空性，也沒辦法生起悲心；事實上，你唯一能做的事就是奮力掙扎，想逃脫不堪忍受的劇苦，你唯一能想的就是逃。地獄道有情要忍受的痛苦程度，比這例子更甚百千億倍。所以，第一種有暇指：沒有受地獄道可怕的痛苦，擁有能學佛，得以增長良善功德，像是慈悲及智慧的自由。

地獄道位於何方呢？其實沒有具體的地點。有經典提到，地獄道位於地下或地上，或外太空。只有極少數人具有能親見地獄道有情的業力，但我們的確看得到宛如活在地獄的人跟動物：像是被凌虐的受害者、意外嚴重燒傷者、終生被囚禁在駭人聽聞的監獄裡的受刑人，很多人的業力讓自己重複遭遇這種難忍之苦。不過，絕大部分的地獄道情況，更是遠遠超乎我們的理解範疇。

就像我之前談過，只是因為地獄道不在人類世界的一部分，就不相信地獄存在，這種想法不合邏輯。我們之所以看不到地獄道，是因為沒有看到的業力。我們所見的世界為何，是過去業力所致，很幸運地，目前來說還沒有包括地獄。

這並不是說永遠不會發生，只要看一下每天發生的事情，我們會發現：善業可能突然嘎然而止，接著惡業成熟。出乎意料之外，所謂無法解釋之下，可能有人就處在難以忍受的痛苦當中。

在西藏的藏人，現在就是活在可怕的環境下，對藏人如同空氣一樣重要的佛教受到打壓，有些人甚至會說自己就是活在地獄。回到八十年前，有任何藏人預料到會發生這種事嗎？我相信在中國入侵之前，藏人活在自己的世界，感覺日子會永遠一樣地過下去，藏人當時不覺得會失去擁有的生活，現今卻必須承受難以忍受的痛苦。

同樣地，數百年前德籍猶太裔跟非猶太裔的德國人比鄰而住，二十世紀初期，有多少人會想到自己將要面對希特勒造成的一切？要是我們回溯到納粹時期之前的日子，告訴德籍猶太裔趕緊逃離德國的話，對方可能認為我們瘋了。倘若我們描述集中營的種種，對方可能認為我們在恐嚇而勃然大怒，痛扁我們一頓。

要是我們深思自己下意識對自己生命種種假設，會發現其中一個假設是「壞事不會臨頭」。或許從邏輯上知道自己有天會死，但那是很久之後的事，感覺並不真實。目前沒什麼倒楣事發生過，以後也不會。不幸地，這由不得我們，而是業力決定。同時，我們相信的永恆性其實並不存在，我們認為現在什麼都好好的，以後也會繼續下去，這麼想其實很傻，這種想法只會讓自己更洋洋自得。

我們的生命遠比自己認為的還更珍貴。好些年前，有架巨無霸客機載了三百多位乘客，通常起飛前會檢查過引擎及其他零件，確保安全無虞。這架飛機在檢查時沒發現任何差錯，機艙人員也受過訓練，自然很清楚如何打開機艙門。但就在飛機降落後，因為某些原因，他們打不開機艙門，突然間座艙起火，陷入一片火海，駕駛大呼救命，整個飛機陷入火海，機場消防人員在高溫下開不了機艙門，後來打開機艙門，眼前所見乘客無一倖免，死前拚命想逃出飛機，屍體相疊一起。在那四十分鐘，一切轉為地獄，我相信沒有任何乘客想得到，自己搭的這架飛機會遭遇如此下場。

還有，我們都不知道有什麼在等著我們。自己有可能在任何時候、任何情況下死亡，就算能繼續活著，生活環境也可能天翻地覆地變化。業成熟時，該發生的就會發生，我們得要接受。唯一能保證惡業不會成熟轉為痛苦的，就是不要再造下惡業；再者，一直保持內心良善，保證能阻止心相續的惡業習氣成熟，還能在惡業結果前，找到淨化惡業的方法。要能做到這一點，必須齊備相當多的順緣，這也就是此世暇滿人身的重要之處。在那之前，其實沒辦法百分百保證明天不會發現自己身受地獄痛苦。

這些地獄痛苦是由於內心力量導致。當我們內心是寧靜的、良善的、慈悲的，那麼我們看起來也會相當寧靜、愉快，別人看到我們，會帶給對方溫暖的感覺，甚至會讓對方覺得快樂。另一方面，內心緊繃、自私自利、生氣憤怒，就算平常我們自認外表魅力十足，看起來卻是醜陋的，臉甚至變得脹紅，光是稍微瞥見到我們的臉，都讓對方覺得心煩。

內心具有如此的力量，不只能改變人的生理，還會影響外在環境。有些地方某一季節氣候惡劣、潮濕、洪水肆虐、泥濘不堪，很難行動，另一季則天氣燦爛、陽光普照、溫暖乾燥，這些令人不悅跟令人喜悅的季節變化，就像業力果報。就算一人獨自在房，要是動了怒氣，整個環境有可能變得暗黑，其他人走進這房間會覺得很可怕。

屋子氣氛會如何，取決於住在裡面的人。我們進入非常清淨殊勝的人居住之處，會感受到難以思議的加持力，我們的心也會變得寧靜，就算沒看到那位聖者，光是靠近聖者住的房子，就會感到非常寧靜，心情愉快。寧靜的環境來自於住於此處的人持戒清淨。

偉大的班智達（pandit）──龍樹菩薩，在《中觀寶鬘論》提到：

> 惡修及諸苦，皆由邪法生，諸善道安樂，皆因善法起。[15]

龍樹菩薩也提到，我們一切快樂跟痛苦都源自內心。遇到可欲對境，就覺得快樂；遇到不可欲的對境，便覺得痛苦；遇到中性的對境，覺得事不關己。從早到晚，我們的感覺如此變動不定，就看我們遇到是哪種對境。先是覺得快樂，接著覺得痛苦，然後不關己事的態度。就算只是一天，就

15 第二十一偈。

會出現各種快樂、不快樂感覺，端賴我們遇到的不同情況而定，像是待的地點、吃的食物、遇到的人等等。當我們跟朋友相見，或身在優美環境，就感到快樂；而當我們碰到敵人，或待在醜陋之處，就不開心。

遇到的種種情況及由情況引發的感覺，都是因為業力種子，或者業力習氣而來，我們會感到快樂或難過，就看這業力種子是善或惡。目前我們還免不了不被已成熟的業力習氣的業風所吹動。舉個例子：要是自己的錢包被偷了，我們對於該怎麼反應被偷這件事的控制力量是很微弱的，大多數人會懊惱不已，而大乘修心（thought transformation）的修行人，卻能對這樣的「問題」及「糟糕的情況」能轉變態度，反而會感到開心。

我們做的夢也都來自內心，夢見被火吻、溺水、遭人痛打、殺害，都是妄念心的顯現。要是睡前提到自己的仇敵，動了怒氣，或者讀到的文章、看到的圖片引發貪心，便會夢到有關嗔心或貪欲的夢。另一方面，要是當天累積許多資糧（merit），則會有一場好夢，夢來自白天深植內心的習氣。

能說夢並不存在嗎？當然，對夢醒後的生活來看，夢是不存在的。如果你在我夢裡剁了我的手，我夢醒後手還是會在，但就能斷言自己在夢中生氣、目睹孩子死去、心煩意亂，這種情緒不是真的嗎？要是我從惡夢驚醒過來，你卻作了一場美夢，你告訴我一切好得很，要我別傻了，這難道是對的嗎？即使我們只是在聊各自的夢，我作的夢的真實性就跟你的夢相同。我們在夢裡感受到的痛苦或快樂，似乎跟夢清醒後的感受一樣真切，這是來自意識中惡習氣或善習氣成熟而定。

相同地，我們目前住在美麗房子裡，這是善業成熟的結果，但這房子有可能明天被燒成灰燼，就是惡業成熟的結果，不同經歷來自不同的業力。地獄彼此之間的差異點，只是哪個地獄更加痛苦而已。惡業愈重，果報就愈苦，最重的惡業念頭，產生劇苦最甚的地獄，這是業力。有兩個人處在同樣的情況，可能遭遇兩種截然不同的世界，一種是很正向的、歡欣的，而另一種卻是可怕的、難以忍受的。

還有另一種看待的方式：心相續煩惱愈強，就必須受到愈強的痛苦。如果完全無煩惱，要是能完全脫離輪迴，就不會對炎熱或寒冷感到厭煩。修行很高的行者可能會覺得冷熱，但冷熱感覺完全不會造成他們對冷熱產生厭惡。內心愈多煩惱，則有愈多痛苦。因此，對某個人是舒適涼爽的夜晚，對另一個人可能是受不了的寒冷；對某人是美麗溫暖的一天，但對另一個人卻有如待在發熱爐裡。不曾造下對冷或熱感到痛苦的因，是不會有這樣感受的；反過來說，如果已經造下了因，將來就會有此感覺。

地獄道眾生受到痛苦的程度，是我們連作夢都想像不到的劇苦。地獄地面不是連劫末大火都比不上的炎熱高溫，就是比冰更冷的酷寒，端看地獄道有情所造的業。這些都是地獄道有情內心投射出來的，地獄道有情過去世造下無數惡業，而形成如此的世界。就像我們每天在這世上遇到的每件事，也是我們心相續的業力種子成熟的結果。這就是為何寂天菩薩在《入菩薩行論》提到：

誰製燒鐵地？妖女從何出？佛說彼一切，皆由惡心造[16]。

地獄道有情經歷到的熱鐵地獄是煩惱心及惡心的結果，並不能說非真實。這世界有許多不同種

16 寂天（二〇〇四）。《入菩薩行》。如石：諦聽文化。第五品，第七偈及第八偈。

類的環境，全都是當地有情的業力形成的結果。有些國土極其荒涼，遍布岩石，這是當地居民過去惡業的結果；而有些國土綠意盎然，和煦溫暖，氣候宜人，水及自然資源充足，也都是當地居民過去善業的結果。

我們居住的世界是自己內心創造出來的，對於地獄道有情來說，所在的世界如此的可怖，自己內心亦然。強大的惡行主宰有情心識，創造出可怕的、充滿痛苦的世界，比我們能想像出來最可怕劇苦還無比悽慘，由於地獄道有情造的業極重，使他們幾乎沒有逃脫地獄的機會。

◇熱地獄及近邊地獄

在地獄痛苦環境裡，有八熱地獄和八寒冷地獄，也有不同的近邊地獄和孤獨地獄[17]。要是某人死後會投生熱地獄，此人臨終時會覺得冷得要死，極度渴求溫暖。你或許聽過這種事，甚至親眼目睹過。某人開始經歷死亡過程時，感到相當冷，沒有任何東西讓他覺得夠暖，由於業力習氣的成熟，產生出想要熱的渴望，這樣成熟的習氣愈來愈強大的話，很可能生為地獄道有情。死後，外表看起來像是睡著，而在中陰（bardo）卻像是惡夢，再投生則像從夢中醒來，此時投生到熱地獄的惡業完全成熟。

有情會投生到哪一種地獄，依於眾多因素而定，最主要是看內心惡業有多重。如果當事人曾經犯了嚴重的惡行，例如帶著嗔怒心殺人，結果幾乎可以肯定會投生最底層的無間地獄。如果內心被

17 對三惡道痛苦更詳細的解釋，可參閱將出版的仁波切新書，或《掌中解脫》。

惡淹沒，但沒有那般強烈，結果可能投生到痛苦比較輕微的地獄，在那裡受的苦比無間地獄還要輕微，依然是我們無法想像的可怕劇苦。

有經典提到，劫末燒毀整個宇宙的大火，溫度比當今世間任何一種火還高，即便是從地球最炎熱火山噴發出來的高溫，劫末大火的溫度比這高溫還高上六十倍，或七十倍。不過，地獄道最小火花，據說溫度比這劫末大火溫度更高，大約是這宇宙所有火焰高溫的七倍。

我有次到夏威夷，學生載我去看火山，我看到了熊熊烈火，也有看到熔岩漿，因為溫度實在太高了，沒辦法更靠近點，光是岩漿溫度就高到嚇人，但這溫度還不足以能融掉岩漿流經的岩石。劫末之火其高溫遠比岩漿溫度更高，炎熱地獄裡一丁點火花的溫度遠比劫末之火還更高。把我們的手放到熔漿裡面，跟感受其中一種熱地獄的熱度相比較，前者就像放到冰水裡頭。經典裡有個詞稱為「跟火一體」，地獄道地面跟地獄道有情，整個都在熊熊烈火中合為一體，區分不出彼此。

地獄有情的身體似乎是為了受最劇烈痛苦而設計，因為所有的障礙聚集起來，體型變得非常大，身體就像是山脈；或許身體體積小一些，痛苦也會減輕一些，但身體形體如此巨大，必須承受全身受火燒的劇烈痛苦。另外，地獄道有情的皮膚極細嫩，或許你記得自己以前皮膚受到感染時，就算在傷口上覆蓋很柔軟的衣料，依舊相當痛，這就像是地獄道有情的皮膚，只是他們的皮膚極度細嫩，加上地獄道有情不會真的被燒死，反而有很長時間一直受到無法想像的痛苦。會有最適合受劇烈痛苦的身軀，全是嚴重惡業所感。

有不同種類的熱地獄，地獄道有情依其業力到其中一種熱地獄。雖然各熱地獄有情待在熱地獄的時間不是固定的，但時間仍是不可思議地長久。在第一種地獄的業消盡之後，在地獄的業仍未消盡，接著會投生到下一種地獄，像其中一種的近邊地獄或孤獨地獄。

就算投生在壽命最短的等活地獄，時間長度是人類時間的數十億年；第二種熱地獄稱黑繩地獄，痛苦加倍，壽命加倍；第三種地獄的痛苦及壽命是前一種地獄的加倍，以此類推。最後一種地獄稱為無間地獄，在所有地獄當中，痛苦最為劇烈，壽命也最長。

在八熱地獄當中，第一種是等活地獄，在這地獄的有情極其嗔怒地互砍，身體被砍成一片片。在人類世界，要是有人被大砍八塊，此人必死無疑，生命也就結束了，被砍掉的手臂成了塊死肉，也不再有意識。但在等活地獄，所有被砍下來一片片的肉，會恢復意識，強烈感受到被砍斫的劇烈痛苦。有情每一滴落在烈火地面的鮮血，也同樣會有劇烈痛苦的感受。接著，出現業力聲音，告訴這些血肉它們將復活，隨後身體各部分自動組合起來，再度復活了。此地獄的有情一看到其他有情，隨即拿起武器，又再彼此砍斫成碎片，如此無有間斷，絲毫喘息也沒有，持續數十億年。

在黑繩地獄的有情，比起上個地獄，痛苦跟壽命都加倍。那裡有獄卒會壓住有情，以像木匠使用的鐵線燒彈身體，在身上彈出一條條黑線，並沿著線把身體劈成一片片，就像是把樹鋸成片片的木板。也會像上個地獄，身體所有部位會恢復意識，就連噴出到火燒地面的血也是，有情任何細微血肉都會感受到最強烈的難忍痛苦，此種情況持續不斷。

此外，在眾合地獄的痛苦是上個地獄的兩倍，壽命亦然。在此地獄，高山化現成有情過去世殺過對象的樣貌，例如有情若生前是宰殺羊的屠夫，會出現兩座形狀像羊頭的高山，或者是有情可能殺過虱子、老鼠、蟑螂等等，山就會變成那模樣。有情被夾在兩座高山之間，兩座山緩慢地移動，有情整個被壓扁，爆噴出來的鮮血有如瀑布般；接著兩座山分開了，有情再度復活，然後山又相擠，壓死有情，然後又再復活，重複不斷。

接著兩個地獄稱作嚎叫地獄及大嚎叫地獄。在嚎叫地獄裡的有情，被困於烈火中焚燒，困在沒門沒窗的鐵屋子，有情跟烈火變成一體；經過不可思議長時，直到有情的業力消盡之前，必須受到此種痛苦。大嚎叫地獄裡的有情，不是在一間燃燒的鐵屋裡面被焚燒，而是有兩間，一間鐵屋在另一間鐵屋裡面，因此有情受到加倍痛苦。

在炎熱地獄裡，痛苦加倍。有情被釘在鐵叉上，從生殖器官刺穿直到到頭頂，並從口中噴出像熔岩那樣的熔鐵。在極炎熱地獄裡，比前個地獄熱兩倍，業力形成的獄卒以三叉戟刺穿有情，所以三叉的頂端從有情的頭跟雙肩膀刺穿出來；或者把地獄道有情放在跟烈火一體的地面，輾平其身，直到身體跟火也成為一體。像是這樣，有很多酷刑加諸在有情身上，下一個比上一個還更悽慘。

最後一種，也是最慘的地獄，稱無間地獄，在這地獄的有情，身體就像是酥油燈的酥油一樣，整個都融化了，完全跟火焰為一。有經典提到，無間地獄的壽命長達一中劫時間。

有情在熱地獄的業減弱後，縱使能逃脫熱地獄，但也只能投生四近邊地獄之一：煻煨坑地獄、屍糞泥地獄、利刃道地獄、無極河地獄（有些經典列出六近邊地獄，跟在此描述的四近邊地獄有些差異，但受到同樣痛苦）。在這裡，地獄有情每踏出一步，都痛苦不得了。

友情必須逃脫煻煨坑有如融岩漿的恐怖大海，其溫度極高，有情每踏出一步，腳就被融化，然後又再復活。接著，有情企圖穿越劍林，卻被劍切成一片片。有情聽到心愛的人在樹頂上喊出聲音，有情想要爬上樹，但樹葉是剃刀形狀的刀子，方向朝下，有情每次一動，刀刺進身體，還有凶猛惡狗把有情的腳撕裂，鳥俯衝下來啄出有情的眼珠。當有情終於爬上樹頂後，卻聽到心愛人的聲音是從樹下發出來，要有情再爬下樹，於是又開始漫漫爬下樹的歷程，但這時樹葉朝上長，有情一動，就會再次刺穿皮肉。

在屍糞泥地獄就像在糞坑，泥濘糞便的沼澤有很長的蟲，形狀尖銳細長，像針一樣啄咬有情身體。有次我在大溪地一座橋上修施水給餓鬼，我看到有條魚的鼻子又長又細，讓我想起這些蟲子模樣的描述。地獄有情必須長劫受到這些折磨，直到業盡。

最後一個近邊地獄是無極河地獄，有情必須橫越沸騰河水，才能離開近邊地獄，一踏進河，身體就被熔爛，有如沸滾太久的豆子那般，這種痛苦需歷經不可思議長時。

如果我們生在沒冷氣的熱帶國家，幾乎不可能禪修。此處提到的地獄道有情，必須忍受比劫末大火熱七倍的溫度。如果你曾經被車門夾到手，不只淤青還陣陣抽痛，你就能瞭解那種排山倒海的痛苦，我想在那時候，你不會想要修一心專注的止修。在眾合地獄有情受到的苦，程度更是百千億倍，持續不斷，要經歷不可思議漫長時間，他們難道還有機會行善嗎？我們每次牙疼或有其他疼痛時，為自己感到難過，想想這些會很好。

就算生命不盡完美，想想與地獄道有情相比之下，自己擁有相當大的自由。我們受到的痛苦相較於地獄有情受到的痛苦，前者好比大樂。自己在過去已經造了此殊勝福報的因，務必繼續再造這類的因。要是屈服在貪、嫉妒、嗔心及其他有害情緒，就要有心理準備，自己有世會生在先前提到的環境。

能擁有此人身是項奇蹟，我們應該對於當「人」感到無比開心，不只擁有各種享受，更重要的是，此人身給予我們學佛，能找到真正快樂的機會。

◇寒冷地獄及孤獨地獄

要是臨終時感到寒冷無比，渴望溫暖，可能促使死後投生熱地獄；同樣地，臨終時覺得身體熱得快燒起來了，渴望涼爽，可能促使死後投生寒冷地獄。要是之前不善業習氣在當時成熟，過了中陰階段這場惡夢後，此人醒來已生在寒冷地獄。

如同熱地獄，寒冷地獄也有八種，每種都比上一種更寒冷。

第一種寒冷地獄是寒皰地獄，有情被釘死在冰地，困在冰山正中央，動彈不得，那裡沒有一絲陽光，狂風肆虐，痛苦雪上加霜。

從寒皰地獄開始，其他寒冷地獄會受到的痛苦愈加劇烈。下一種地獄是皰裂地獄，寒皰在寒冷蹦裂開來，造成劇烈痛苦。接下來各種地獄，從額哳吒地獄到裂如大紅蓮地獄[18]，待在這些地獄的時間，下一種比上一種漫長，百千億年受強烈痛苦。

你曾經有沒穿外套被困在暴風雪的經驗嗎？如果有，就明白有多難受，渾身發抖，手冷到發麻。想當然爾，地獄有情全身赤裸，皮膚遠比我們敏感，那種寒冷程度，比我們想像最寒冷程度還冷上百千億倍。就算我們把手放進冰箱一小時，仍無法體會寒冷地獄有情受到的痛苦。

再者，地獄道有情處於如此強烈痛苦，除了受苦之外，當然不可能做其他事，不可能積善、學佛，怎麼有可能找得到脫離痛苦的路呢？

另外，還有孤獨地獄，要是我們具有見到此種地獄的業力，就能在這世間上見到此地獄，名為

18 八寒地獄名稱各為：寒皰地獄、皰裂地獄、額哳吒地獄、赫赫婆地獄、虎虎婆地獄、裂如青蓮地獄、裂如紅蓮地獄及裂如大紅蓮地獄。

孤獨，是因為有情不須隨時受地獄痛苦。

以前有位男子名柯帝卡那[19]，他旅行四方尋找珍寶，有天到了盡是荒沙的一座島，突然間，他看到有間房子熊熊燃燒著，房內有個人被一群暴犬吞噬。

不過，就在日落後，整個場景大為不同，本來可怕的房子變成豪華別墅，暴犬變成絕世美女，房內的男子也不受苦了，歡享著頂級美食醇酒、不可思議的奢華、美女作伴。不過，隔天一早，又恢復之前，房子再度轉成地獄，美女變成狗，吞噬男子的身體，這種情況日復一日。

柯帝卡那問這位男子，為何他會受這般痛苦？男子回答，自己以前住在印度時是位屠夫，他曾請教過阿羅漢（arhat）迦旃延尊者（Katyayana）怎麼持戒，由於他做的工作要宰殺動物，只能在晚上守戒，白天辦不到。他在晚上清淨持戒，由此他在白天受到強烈痛苦，到了晚上卻擁有令人難以置信的享受。他經歷的種種，都是過去造不同業的果報。

他告訴柯帝卡那，在某處埋了一罐黃金，又在某處埋了屠刀，並請柯帝卡那將這些轉交給兒子，並給兒子嚴厲的口信，告誡兒子務必戒殺。

◇沒在地獄真是幸運

我們曾無數次投生於地獄道，幾乎不可能逃得出地獄轉生它道。在地獄連聽到「佛法」這詞的機會都沒有，更何況學佛，因此在地獄道不可能增長悲心及智慧。

19 仁波切提到商人的名字是藏文名字，提到阿羅漢時是梵名字，為了一致性，本書做些調整，與《掌中解脫》及《菩提道次第廣論》名字一致。

自己應當深切思惟，這一世沒生在地獄道，是多麼地幸運啊！這是暇滿人身的第一種有暇：無須受地獄道有情所受的不可思議痛苦，無須忍受那些可怖處境。我們有學佛的機會，如果想要運用這些條件，條件全都有了。

當今我們住的環境不會太炎熱，也不至於過於寒冷，夏天有電扇或冷氣機可吹，冬天則有暖氣、禦寒衣物可用，所以我們實在一點兒都沒有處在極端溫度的痛苦中。應該觀修自己是多麼幸運，沒有在地獄道環境，還要下定決心，要一直造下獲得暇滿人身的因。

想一想：要在極度炎熱的天氣禪修有多麼難辦到，或者如果有人拿著點燃的香碰我們的皮膚，我們就沒辦法專注了。想一想：認為能把手放進冰箱五分鐘，或者一絲不掛坐在雪地還能禪修，這種想法太荒謬了。還好我們目前都不是在這種極端環境。

好好想想：當今我沒有生於地獄，有自由能學佛，在二十四小時內，或一小時內，甚至就在一分鐘以內，擁有能達到三種殊勝（three great meanings）目標的自由：快樂來世、解脫輪迴、證悟成佛。這麼去思惟，就能發現，沒有投生在地獄而能學佛，是多麼不可置信的珍貴有暇，比大多數有價值東西還更珍貴，比鑽石堆疊而成的山更有價值。如果想有好的投生，就能夠造下其因；如果想成佛，也能造下其因。「有暇」指的就是此意。

我們能造下自己想要的任何資糧，徹底淨除過去造過的惡業，所以我們永遠不需再受惡果，我們能捨離苦的真正因，對於自己擁有這樣無價的禮物，應該要歡天喜地。

如果不觀修三惡道的痛苦，就看不到此世暇滿人身是項奇蹟，很可能虛擲人生。

或許我們知道學佛是很值得做的事，要是自己老實學佛，有可能變成比較好的人；但要是少了對三惡道痛苦清清楚楚之後產生出來的動力，我們永遠不會有心力去取得佛法的精要。這也就是為什麼，瞭解每種有暇的意義，是多麼重要。

第二有暇：沒生為餓鬼道有情

八有暇當中的第二種有暇：沒生為餓鬼道有情，擁有修持殊勝佛法的自由。餓鬼居住在地下或地上，就如地獄道有情，一般人沒有看見餓鬼的業力。正如地獄道有情受到最劇烈痛苦是炎熱及寒冷，餓鬼也有其他類的痛苦，最劇烈的痛苦是慳吝及貪欲引起的飢餓及口渴之苦。

大家也許從來沒有真正餓過，你有印象自己曾經為了某個理由而不吃不喝兩三天嗎？除非各位當時病重，不然餓著肚子是種很不舒服的感覺。現在想像一下，如果自己不吃不喝一個禮拜，會是什麼情況呢？胃痛到難受極了，處在強烈飢餓感，幾乎不可能有心思想其他事情，更不可能禪修。

要是有人曾參加過我上的佛法課，會知道我的名聲不太好，過了休息時間還繼續說法。過了午餐時間，我還繼續說法，當時的你還能夠保持一心專注嗎？你愈來愈餓，而我還繼續說法，你還能專心聽下去嗎？時間滴滴答答過去，你知道那些色香味俱全的食物全變冷變餿了，你還能夠跟得上佛法課嗎？應該沒辦法吧。就算你想要專注，胃可不答應，腦袋想的全是食物，而這時候也才延後午餐約一小時。飲食是我們的基本需求，沒辦法吃到食物時，即便沒有飢荒的危險，我們仍沒辦法想到其他的事，遑論禪修道次第。

盛行於藏傳佛教，為期兩天的禁飲食齋閉關，其中一項很殊勝利益是禁飲食。進行這種閉關，第一天只能吃一餐，第二天則不吃不喝。即便只有短短兩天，就算禁飲食的理由非常有利，但不吃不喝仍很難辦到。自願參加禁飲食齋，不僅淨除許多惡業，還能對少許食物心生感激，因為有這麼多的有情必須一直忍受飢餓。

人類所能經驗到的飢餓感，跟餓鬼多生中每一刻受到的飢餓之苦，兩者根本無法相比。餓鬼千萬年遊蕩，就是為了找一小塊食物或一滴水，卻找不到任何飲食，我們沒辦法想像餓鬼生生世世被飢餓淹沒的絕望感。

有的餓鬼即便能找到食物，從某方面來看還更慘，由於自身的業障，餓鬼看得到食物卻吃不到。有情會投生成餓鬼的主因是「貪」——對世俗享受的貪，也有其他煩惱從貪衍生，尤其是吝嗇。某人非常貪財物，死守自己的東西，從不布施，也不曾想要跟他人分享，想當然，此人造下來世投生成餓鬼的因。

世界上有些人就像餓鬼，被吝嗇吞噬，不論自己擁有再多都覺得不夠，即便他們投生為人，卻從來沒有遠離不可思議的飢餓感，這種人多的是。他們覺得自己擁有的東西，還不足以布施出去，即便是布施乞者幾塊零錢都沒有，但衣櫃卻掛滿昂貴的衣服，食物塞爆冰箱，家裡四處擺滿各種東西。如果我們觀察這些人，總會發現其實他們買了東西也不使用，只會買個不停，但購物沒有帶給他們滿足感，所以必須繼續再買。像這種貧乏的、吝嗇的心，到了下一輩子會當餓鬼。

很貪自己房產的人，死後可能會投生成為那一帶的餓鬼，想要保護曾經屬於他們的東西；要是有人從那家偷走東西，此舉會激怒餓鬼，造成竊賊生病。常有人提到某家人去世後，在家裡聽到奇怪聲音，這可能是亡者成了餓鬼，由於貪心而離不開家。

許多國家都有通靈者，有能力喚來回答疑問的鬼神，這些鬼神甚至某種程度上還能幫得上忙。裡面有可能是餓鬼，有些餓鬼有小神通，能預知未來，擁有這種能力是業力作用，並非來自禪修力或資糧。鬼神可能擁有很強的力量，特別是山區鬼神，能幫忙求助的人一把，透過黑術傷害其敵人。可不能信賴這些鬼神，更千萬不能皈依鬼神。很遺憾地，有些人就這麼做，最後可能落得被嚴重傷害的下場。

有些人看得到餓鬼，像有些修行證量很高的上師，不只看得到餓鬼，還具有調伏及拉餓鬼一把的力量。

餓鬼種類形形色色，一般而言，對餓鬼的形容是具大腹、四肢細小。大部分餓鬼有很大的飲食障礙，有些餓鬼尋覓百千年後，終於找到一小塊食物，或者一小滴水，卻被兇殘的守衛強行奪走，這些守衛的工作就是不讓餓鬼得到食物。

還有其他餓鬼，嘴巴小如針眼，放不進任何食物。有些餓鬼找得到一滴水，卻因喉嚨打了三個結而吞不下。有些則是偶爾能得到一小撮食物或少量的水，吞到胃裡時卻燒成一團火，就像是點燃的火柴掉進一桶汽油。

有些餓鬼嘴巴會噴出火焰。我在印度時曾目睹過一件事，那時我住在巴薩杜瓦爾[20]（Buxa Duar），我離開西藏後先到這地方。出家人常聽說，晚上去樹林小解的時候，會在樹林間看到詭異的光。有次我得要在半夜去一趟醫院，返回寺院路上，我看到樹林露出昏暗的燈光，我知道樹上沒

20 巴薩杜瓦爾位於印度西孟加拉邦，原先是座舊堡壘，英國人統治期間，作為戰俘營使用，到了一九五九年，中國占領西藏後，大部分從西藏逃亡出來的出家人被送往此處。仁波切在這裡住了八年，也在這裡遇到耶喜喇嘛。

裝燈，當我愈走愈近，朝著光的方向走，此時光就熄滅了。似乎大家從來沒有真正看過這些餓鬼，只看得到從餓鬼嘴巴噴出來的火。

釋迦牟尼佛住在印度時，有位年紀輕的出家人，他看到了相貌極為可怖的餓鬼，這位出家人嚇一大跳，拔腿就跑，餓鬼喊住他，表明自己是生下他而難產去世的慈母。餓鬼告訴出家人，生為餓鬼在世間遊蕩有多麼悽慘，她已經超過二十年找不到一丁點食物或一滴水，更別說一塊濕土。

年輕的出家人對母親生起極大的悲心，他到佛陀面前，求佛陀迴向給母親，讓母親有比較好的來世；不過餓鬼業力太過強大，她此世死後，以佛陀的善巧方便，只能確保她投生為另一種能擁有財富的餓鬼。

聽到這番話，這位出家人勸母親要供養佛陀一匹布，迴向有更好的來生。不幸地，她的吝嗇心太強，照著做之後卻反悔了，餓鬼趁著夜晚，悄悄地把那匹布再偷回來。這情況反覆好幾次，那位出家人後來把布裁剪很小的碎布，供養每位出家人，餓鬼母親沒辦法再偷回來，由於佛陀的善巧方便，她便有比較好的下一世。

有位偉大的瑜伽士名桑傑耶喜[21]，具神通力，能周遊各個星球，看到不同種類的有情。有次他為了要度化餓鬼，去了住著許多餓鬼的某個城市。他看到有位餓鬼媽媽有五百個餓鬼小孩，這位餓鬼媽媽能跟桑傑耶喜交談，她說丈夫多年前離家到人道找食物，從此之後再也沒見到丈夫。瑜伽士桑傑耶喜問清楚其夫的特徵，她說丈夫獨眼，斷腿走路一瘸一拐。

21 帕繃喀大師在《掌中解脫》使用梵文名字 "Buddhajnana"。

桑傑耶喜返回人道，依她描述找到了那位餓鬼丈夫，傳口信給餓鬼時，那餓鬼可悲地伸出他的手，手心裡有一小小乾痰，他說：「這麼多年來，我一直尋尋覓覓，只找得到這個。」然後再握緊拳頭，以免乾痰掉了。

這餓鬼能得到痰，是他之前在一間寺院附近時，寺內有位持戒清淨出家人，有修持將痰、糞便、小便布施給餓鬼的法門，透過他的祈願力，餓鬼得以獲得一些東西，不過這位出家人周圍有成千上萬的餓鬼，要激烈打架才搶得到，這位餓鬼丈夫很幸運地搶到一小塊痰。當我在菩提迦耶的正覺大塔看到一群群乞討者在為布施物起紛爭時，想起了這個故事。

有很多類似的法門，讓我們能布施像是餓鬼的其他有情。世尊傳了特別是為此目的的咒語，依這些咒語力量，餓鬼能夠從布施物得到利益，不然餓鬼甚至看不見布施物[22]。

有許多餓鬼以聞味為食，佛陀也曾教過布施饒益餓鬼的方法，有些修法會燃燒糌粑（tsampa），餓鬼聞味得到滋養[23]。常見寺院僧眾從食盤捏一小撮食物在手上，唸些咒語，好讓餓鬼能看得到又吃得到食物[24]。

我們應該花些時間，好好思考餓鬼受的痛苦，還有造成這些痛苦的原因——貪心及吝嗇心，並下定決心不再造下這些因。要想：「要是我現在投生當受苦的餓鬼，就不可能修行殊勝佛法了。我是多麼幸運，沒有投生在餓鬼道，擁有學佛修行的自由。以此自由，在一天二十四小時，甚至這一

22 參閱仁波切著作 "Practice to Benefit Nagas, Pretas, ad Spirits" 以及將出版主題為三惡道的新書，仁波切談到利益餓鬼的諸多修法。
23 參閱一書 "Aroma Charity for Spirits"（餗供）。
24 咒語「吽 烏西他 班帝 阿盧亞 梭哈」（om utsishta pandi ashibya so ha）。

小時，以至於這一分鐘，我擁有不可思議的自由，能夠達成三種殊勝目標的任何一種。自己想要的話，可以繼續造下來世再得暇滿人身的因，就在這一小時，每一分鐘，我擁有能造下獲得解脫的無憂境界之因。再者，要是我想要的話，我可以獲證佛果以饒益一切有情。就在此時此刻，藉由修菩提心，我擁有造下成佛之因的自由。」

如此思惟，產生很強的感受，明瞭獲得此種有暇之身是多麼珍貴、多麼重要。浪費此暇滿人身一刻，是多麼令人哀傷啊！應當下定決心，讓生命的每一刻過得極富意義。

第三有暇：沒生為畜生

接下來能修行殊勝佛法的有暇，指沒有投生到畜生道：像是生為動物、鳥、魚、昆蟲等等。我們看不到地獄道及餓鬼道，看得到畜生道有情，還能夠研究牠們的實際狀況。動物、魚類、昆蟲等等，種類繁多，不勝枚舉，儘管畜生道有情有許多種類的痛苦，一致的痛苦是愚癡及笨傻，除了生存下去，沒有瞭解其他事物的能力。

投生畜生道主要原因在於愚癡，將畜生道有情束縛在毫無選擇餘地的生命，一定要殺生才能存活下來，沒有選擇餘地，獵物也沒有不被獵殺的能力。小隻動物被大隻動物吞噬，後者又被更大隻動物獵殺，不管是什麼動物，總有敵人虎視眈眈等著取其生命，吃其筋肉，其他畜生則被人使役。

要是我們發現自己突然變成了動物，一定會嚇壞了！不論當人的日子多麼難熬，跟動物相較下，人類世界是動物的淨土（pure realm）。想像你是一隻在下了傾盆大雨後卡在半路的蛞蝓，或者跑在印度村莊路上，身後有當地屠夫追著的羊，那會是什麼情況呢？如果我們看一下動物外表之下的生活，看到真實的樣子，會發現牠們受到不可思議的痛苦。要是你研究動物是怎麼活下去的，將發現此話不虛。愚蠢跟呆笨占據動物，畜生道有情無法讓自己從每天面對的痛苦裡得以解脫；再者，牠們當然沒能力學佛修行。

有些動物活得比人久，不代表牠們能增長智慧。在香港有隻烏龜，據說活了上千年，我有次受邀去看牠，不知為何後來沒見著，就算見著了，我不覺得能教給牠任何事。難道我能對牠解釋獲得快樂的原因嗎？就算是長命百歲的大象，也沒辦法瞭解隻字片語。

受我們寵愛的毛小孩，或許日子看起來過得挺不錯的，整天睡覺，吃的還比我們好。但要是我們覺得這種生活是幸運的話，那只是光看外在，如果去瞭解寵物內在，會發現牠們其實很愚癡。舉個例子，當牠們吃到劣食病倒了，卻無法告訴我們這件事，好讓我們能對症下藥。

我們的貓能終其一生跟自己住在一塊兒，我們試著要教牠每天唸咒，但牠連一個咒音都發不出來，這是因為，牠的身體是屬於痛苦的流轉有情，另外一點則是不具理解的能力。

花多年時間對豬兒解釋空性，牠們也不會變得比較有智慧；整天對著令人憐憫的綿羊或山羊耳旁大喊菩提心，牠們也不可能懂；教導雞通往快樂的真實道路——悲心，卻也阻止不了雞啄食地上的蟲子。

達賴喇嘛尊者有次在加州史丹佛大學開示，提到：「不要活得像動物一樣。」意思是不要在毫無懷疑下，就全盤接受一切。尊者在此處提到世俗菩提心（conventional bodhicitta）及勝義菩提心：我們之所以受苦，是由於自己在沒有思索下，就接受了看起來實有的顯現，結果就是被煩惱占據。

在這種情況下，我們活得就像動物。

動物不知該怎麼擺脫痛苦，不管牠們在其他方面多麼狡猾，但在最基本也最重要的方面卻愚癡不已，明白這一點，會讓我們慶幸沒有生為動物。

事實上，明日此時，我們可能會變成畜生道有情，我們其實不知道自己什麼時候會翹辮子，或下輩子會變成什麼。我們可能很快地就活在餐廳裡注滿水的玻璃缸，成為一隻美味的龍蝦、肥碩的魚，等著饕客指定煮上桌。我們可能會變成嘴巴被魚鉤給鉤住的魚，在魚線尾端掙扎不休，或者是一隻被千萬隻螞蟻活啃的蟲子。我們沒辦法斷言這些事不會發生在自己身上，如果我們能知道會發生在自己身上的話，一定會最珍惜此人身。

你想當任何一種動物嗎？甚至是寵物都行。你想要全身長滿毛，跟附近狗貓打架，只能永遠依賴主人，才能吃到每一小口的食物嗎？我們已經當狗貓無數次了，我們過去世是無量無數的，任何一種動物我們都當過了。我們曾經當過猴子、老虎、牛、斑馬、蟑螂、蚊子，當過許多次了，就算是佛陀一切遍知心，也無法得知我們當蟑螂或蚊子究竟多少次了。這就是輪迴的生命樣貌，從一種痛苦之身到另一種痛苦之身，無止盡流轉。

我們作蜈蚣的時候，爬行馬路時被踩死；作蛾的時候，被拍死在牆上。或許我們從被壓扁的蜈蚣到轉生為蛾，之後又再次被拍扁，真可憐啊！不管何時看到被蜘蛛網困住的昆蟲，或者被車輪碾過去的小動物，再再告訴我們：自己投生為人，不用受到這種可怕結果，應當要好好學佛修行。除了學佛修行之外，不做其他惡事，不然我們將也注定困在蜘蛛網裡，或者魂斷車輪。

思惟動物受到的痛苦，開始會理解到，只要在輪迴就無路可逃。這種情況實在很難令人忍受得了，令人感到驚懼，因此我們必須竭盡心力脫離輪迴。

只有修善能讓我們得以解脫，動物沒辦法瞭解這一點。我們不是動物，我們身為人，能明白這一點，這是多麼令人驚喜的自由啊！應當好好思惟：「我多麼幸運沒變成動物，我擁有此暇滿人身，符合八暇十圓滿的條件，有學佛修行的自由。」打從內心產生如此感受，但也要同時感覺到，暇滿人身不會一直存在，可能今天就沒了，必須善用此最珍貴的良機。

我的根本上師——尊貴的赤江仁波切[25]，以前常說：要是我們能夠明白三惡道的痛苦，明白自己也曾生在三惡道無數次了，我們會感到無比驚懼，怕到再也睡不著或吃不下，食欲蕩然無存，我們會只想禪修及學佛修行，好在每一刻盡可能地造下最多的資糧。因此，如果我們想要真正珍惜現有的暇滿人身，學習四聖諦極為要緊，尤其是苦諦，還有學習三惡道苦、業果之理。

我們擁有的自由跟有能力學習殊勝教法，還能依教奉行，這多麼令人驚歎，多麼棒啊！

第四有暇：沒生在長壽天

下一種有暇是沒有投生成為長壽天天人。「天人」在此脈絡並不是指沒有無明的佛，這裡所指的天人是仍有無明的世間有情。儘管天人過著享樂日子，享樂程度是我們想像不到的，天人依舊沒有遠離痛苦。

25　尊貴赤江仁波切（His Holiness Trijang Rinpoche,1901-81）：擔任第十四世達賴喇嘛尊者初級經教師，也是耶喜喇嘛及梭巴仁波切的根本上師。筆錄《掌中解脫》一書。

會被稱為天人，是因為他們過得極為享受，遠比人間的享受更高。例如，欲界天（desire realm）的天人抱擁上千位天女，以甘露為食；天人吃的食物跟人不同，人必須先收成，吃下去後消化成糞便。天人身體光彩閃耀，衣服精美，住在由青金石以及寶石做成的樑柱，蓋成不可思議的豪宅宮殿裡，甚至地面像是青金石鋪成，走在上面可看到自己的倒影。天人的財物相當珍貴，光是一只耳環，就比地球上所有財富總和更有價值。

色界（form realm）跟無色界的天人已捨離欲界五欲，透過甚深禪定，獲得極大的寧靜。無色界的天人甚至沒有身體，只有心識，不會受苦苦及壞苦，但是無色界天人依舊沒有遠離行苦。縱使壽命長達多劫，只會出現兩次念頭，第一次是他們投生無色界時的念頭：「我現在投生成為天人了。」第二次念頭在死前：「我即將死去，不再是天人了。」在這兩個念頭之間的時間則住於禪定，宛如熟睡般，沒有任何智慧或分別心，所以實際上不可能學佛修行。

欲界天天人不會遭遇人類的問題，像是得要工作餬口，必須要耗費體力來享受舒服、快樂，欲界天天人不用費吹灰之力就能享受每一種欲樂、種種奢華體驗。他們的心因眾多欲樂而分心散亂，除了「接下來該享受什麼」念頭之外，沒有其他想法。我們從自己的生活就能窺見一二，我們在禪修時，很容易被想買的新車、新電腦，或者當晚要看哪場電影、去哪家餐廳的這些念頭而分神。

天人滿腦子心思都在欲樂上，沒辦法瞭解苦的本質，也沒辦法學佛修行。柯槃寺學員常提到，他們回到家後，生活再度充斥各種散亂，造成學佛修行的能力變差了，甚至一度迷失。不過再怎麼樣，人世間散亂跟天界散亂相比，顯得微不足道。

有則公案，舍利弗[26]的一位弟子生前是醫師，死後生為長壽天天人，他生前對舍利弗極為虔敬，騎乘大象時，一看到這位阿羅漢走在路上，會馬上躍下坐騎，內心充滿著愛，對他的老師行跪拜。醫生死後，舍利弗以神通力得知他投生到長壽天，於是舍利弗就到長壽天，要對這位弟子開示佛法。不過，這一次弟子看見舍利弗，由於他沉溺在天界各種各樣的享樂，僅僅對舍利弗舉起一根手指打招呼，就要跑回去跟其他天人玩在一塊兒。他根本沒時間聽佛法，也沒時間留給上師。

顯而易見，主要問題在於貪。隨著物質享受帶來了貪，心隨著貪，老是漫遊貪心所緣境上，一旦我們想要學佛修行，這就會成為很強大的散亂。不過，假設我們可以離貪，不管擁有多少多麼高級的物質受用，也不會被這些弄得分心散亂。

這就是投生天界的問題。就算天人能聽到佛法，也不會想付諸實踐，因為天人太沉迷享樂。據說在三十三天，就在虛彌山（Mount Meru）[27]的頂峰，少數天人能藉由在特定日子聽到擊大法鼓而聽聞佛法，如同動物儘管對咒語一竅不通，卻能從咒音得到利益一樣，天神對鼓音的回應也是如此，能受到一點利益。除此之外，其他天人完全沒機會聽聞佛法。

天界一天相當於人間五十年，天人大限之日的前七天，會出現業力聲音，告訴天人死期將到，隨後一切開始衰敗。天人所處的環境無塵無臭，只有享樂，現在突然什麼都變了，身體變得骯髒難聞，光芒盡失，身態醜陋，天人對床鋪不甚滿意，再也輕鬆不了，躺在床上輾轉難眠。本來天人周圍是綻放燦爛的花朵，現在紛紛枯萎凋謝。天人的朋友們，之前老是逗他開心，讓他開懷歡樂，被

26 舍利弗是隨侍釋迦牟尼佛的兩位弟子當中其中一位，在《掌中解脫》形容這位醫師是「醫中之王」。
27 三十三天是位在虛彌山上六欲天的第二重天。

這些變化嚇跑，閃得遠遠的。天人也嚇壞了，落得孤伶伶一人。

由於業力關係，天人能記得過去世，更慘的是，也能預知下一世，他會看到自己當天人的業力將窮盡，七日後就會投生三惡道。預知結果所感到的痛苦程度，比實際投生地獄還更為劇烈。

顯而易知，地獄道有情、餓鬼、畜生幾乎不可能造下任何善行，但長壽天天人，包括在欲界受各種欲樂而分心散亂的天人，或者處於禪定的色界、無色界天人，也很難知道痛苦的本質，因此也非常難以學佛修行。除非我們看到這些過失，否則要怎麼出離輪迴呢？天人沒有持戒的機會，也無法對輪迴生起出離心（renunciation），所以不論天人享受的時間有多久，下一世必定投生三惡道。

思惟天人受的痛苦，就算想到他們享受著不可思議的欲樂，也能幫助我們珍惜此暇滿人身。只有以這暇滿人身，才能學佛修行，天人辦不到，動物辦不到，餓鬼辦不到，地獄道有情辦不到。因此，應當好好去想：「我沒有生為天人是多麼幸運，我擁有八暇十圓滿的暇滿人身，也有學佛修行的自由。」應當打從心底有此感受，立下決心，再也不浪費此生每分每秒。

第五有暇：沒生在無佛出世時代

前四種有暇屬於沒有投生在人道之外的不利情況，後四種有暇則是關於：沒有遇到四種「生而為人，卻受到阻礙，無法發揮全部潛力」的情況。

第五種有暇是沒生在無佛出世的時代。就算生而為人，卻生在無佛出世的暗劫，因此也就沒有佛法，代表沒有佛法能引導我們從不善向善，這麼一來，生而為人還有什麼意義可言呢？

試著想像某個地方完全沒有佛法，也沒有機會可以瞭解離苦的道路，我們能怎麼辦？這種情況就跟投生當狗一樣。好好去想：「我沒有投生在無佛出世的時代，擁有學佛修行的良機，這是多麼幸運啊！」

第六有暇：沒生在邊地

第六種有暇是沒有生於邊地。藏文「拉樓」字義指住在邊地或沒有佛教的國家，而沒有機會聽聞佛法或學佛修行，這種國家又名「邊地」。有佛教的國家稱為中國，沒有佛教的其他國家則是在偏遠或邊緣，沒有文明，那些地方黑暗無光，人民不懂戒律。

此類國民，也就是野蠻者，對於善行及惡行一點概念也沒有，不知什麼是快樂的因，什麼是痛苦的因。他們就像是被關在沒有光線、黑漆漆的房間，沒有機會瞭解任何善惡，就像是沒有月亮或星辰的黑夜，朦霧覆蓋，沒有佛法日光。有情從一種痛苦蹣跚而行到另一種痛苦，對業果毫無概念之下，他們要如何知道為何會受苦，或者該怎麼面對呢？他們花一輩子朝著錯誤的方向追逐快樂，把痛苦的因錯當為快樂的因。

不懂業果，不信皈依，沒想過要淨除惡業，這種人沒有機會變得更好，沒機會淨化障礙（obscurations）及過去造下的惡業，沒機會修行殊勝佛法。就算你教導世間眾生業果及皈依，或教導他們像是金剛薩埵（Vajrasattva）淨罪法門（purification），他們也聽不懂或不願接受。不瞭解業果的情況下，他們對於惡業會造成痛苦毫無概念。

設身處地想一想，想像如果完全沒有機會學佛修行，會是什麼情景？試著去感覺，一輩子盲目地蹣跚而行，不知是非對錯，這會多麼可怕，這樣的人實在相當不幸。

當野蠻者比眼盲者還更慘。即便我們眼盲，仍可以懂得業果、相信業果，皈依佛、法、僧三寶。當然，現代有許多進步的輔具能幫助視障者，在以前的印度及尼泊爾，眼盲代表得不到教育，大字不識一個；西藏在家人就算眼盲，還是能修持許多法門，像是持大悲佛——觀世音菩薩（Chenrezig）六字大明咒唵嘛呢叭咪吽（om mani padme hum）。由於他們虔信皈依，相信業果，而能累積廣大資糧。即便不懂道次第，生命仍過得很有意義，這讓結果大為不同，眼睛雖看不見，內心卻是富足的，一點也不貧乏。另一方面，就算野蠻者五根俱全，由於沒學佛修行的機會，實際上還更貧乏。

偉大的班智達月官論師（Chandragomin）[28]，曾以巧妙譬喻解釋此類有情的本質。有頭牛看到懸崖邊上長了一小撮草，便往草的方向奔去，心想要是能吃到草的話，自己會很開心。在貪心的驅使下，牛奮力跑到草那邊，卻失足掉下懸崖，一命嗚呼。牛的貪心，帶給牠痛苦而非預設的快樂。月官論師說，世俗有情只追求此生快樂，正恰如這頭牛。世俗有情對欲樂的貪心很強大，朝著貪奔去，沒有看到危機四伏，最後墜落而亡。

野蠻者為了要獲得快樂而做的每件事卻是錯的，唯一的結果是遇到問題及痛苦。想一想，西方人生活在都市裡，鎮日庸庸碌碌，拚命餬口維生，卻不懂佛法，不信皈依，不信業果，沒有機會累積資糧，或者淨化籠罩內心的障礙。即便如此，就像其他人一般，他們追求快樂，但行為的後果卻

28 月官論師，西元七世紀有名的印度在家行者，他曾挑戰月稱論師，與其辯論多年。著作包括《菩薩律儀二十論》、《與弟子書》。

是投生三惡道。

可怕的是，可能我們今天是修行的佛教徒，明天竟變成「野蠻者」。除非我們的理解跟信心（faith）夠強大，否則可能會對前後世及業果失去信心。由於缺乏資糧，我們開始會想，以前看起來合乎邏輯又真實無誤的事，現在看起來卻既錯謬又迷信。我們可能有天早上起來，突然間業果看起來沒那麼令人畏懼了；接下來，即便繼續自稱「佛教徒」，但是不知為何卻愈走愈偏，發現自己離想去的目標愈來愈遠。

千萬不要把目前擁有這般殊勝的幸運，視為理所當然。當我們有考慮到需要齊備眾多的因，需要極多資糧，才能夠對佛、法、僧有信心，要是不繼續行善累積更多資糧，過去累積的資糧終將消耗殆盡。

沒有這種扎實基礎，即便花長時間研讀佛學，還能一心專注止修，一旦發生某件事，還是有可能信心全失，轉成了野蠻者。會有「不相信業果」這種想法，是由於缺乏資糧跟沒有淨化過去邪見的惡習氣。有天我們彷彿從美夢中醒來，自己身為佛教徒的人生，已經是過去式了，縱使記憶猶存，好像夢一場，已跟人生不相干。

所以，在今世也必須要非常謹慎，小心翼翼，只做善行，再也不把惡習氣留在心續。即便微小的惡也可能會障蔽心，讓心更容易造下重大惡業，更難以獲得證量。我們當今擁有學佛修行的自由，但也非常容易失去這種自由。

這一世對佛法僧還有信心的時候，想要有機會學佛修行的時候，是多麼了不起，多麼珍貴啊！清楚這種情況可能會起變化，生命就像是泡泡，任何時刻都可能消逝，應該堅定決心，不只要學佛修行，更要從此時此刻就不間斷地學佛修行。

如是思惟：「如果我之前投生當野蠻者的話，我在當時不可能擁有，也不會想擁有學佛修行的機會及自由。不過現在我獲得此暇滿人身，有學佛修行的自由，這是多麼地幸運啊！我有自由能在任何時間學佛修行，我能獲得佛陀的教法，我具備智慧，能區分是非對錯，這是多麼難以置信啊！」如是思惟，應該在內心有所確定，感受到強烈欣喜。

第七有暇：沒生為喑啞愚癡

下個有暇是指沒有生為喑啞愚癡。藏文「盎巴」字面意思是「瘖啞」，內涵指是某人完全無法瞭解或無法溝通。在西藏古代，聽語障者無法接受教育，也沒辦法與他人溝通，當然也聽不見佛法、不懂佛法，這就是此字詞意義的源處。當然，光是聽語障本身在現代幾乎不算弱勢，儘管聽障者沒辦法接受口傳，這一點肯定遺憾甚大。

這種有暇，不單針對理解有問題的人，也包括完全沒辦法吸收任何東西的人，像有重度智能障礙，思考運作無法比基本肢體動作的層次更高，他們沒辦法生活自理，顯然也沒辦法幫助他人。必須不斷受他人照顧、餵食、著衣，在重度智能障礙者身上能看到這種情況。或許想一想在這類人當中的重度自閉症患者，甚至是成年自閉症患者，也沒辦法溝通或明白基本事物。有很多組織團體提供幫助，縱然經年累月付出，患者仍原地踏步。

這種情況不必然是天生的，任何時間，業都可能成熟。我們可能突然間喪失認知理解或溝通能力，可能在一場車禍陷入昏迷，或者生場大病而成了植物人，甚至老化就能奪走腦力。阿茲海默症及失智症在當今成為許多長者面臨到的嚴重問題，想一想，要是你在以前研讀佛法，過了幾年後，由於記憶退化，連一個咒的咒音都想不起來，這會多麼可怕啊！

現在此時，我們真的幸運透了。要是我們以前有嚴重精神問題，生活其實沒什麼太大意義，即使得到世間享受，像是吃喝，也不具什麼意義。我們不只幫不了他人，自己也成為家人跟社會的沉重負擔，他人想幫助我們，我們卻無法意識到這份慈愛。

現在完全不像如此，目前沒有如此，反而身強體健，頭腦也能明白事情，潛力無限。應當思惟：「我沒有投生成重度心智障礙者，無法瞭解事物，或與他人溝通，甚至是佛法的一個字都不懂，我沒有這樣，真的太幸運了！我已經有了八暇十圓滿的暇滿人身，卻隨時可能會失去此有暇，因此，我一定要學佛修行，不浪費時光，甚至一小時、一分鐘都不虛擲。」

第八有暇：沒生為外道

最後一種有暇是指沒有生為外道（邪見者），而得以學佛修行。如果野蠻者指住在沒有佛教的國家，邪見者指不管住哪裡，他們是不信佛教的人。藏文詞彙比英文更精準，藏音「羅他千」字面意思是「持邪見者」。

佛教所指的邪見是「認為存在的法並不存在」。業果的確存在，但邪見者否認有業果。同樣地，對邪見者而言，像是佛陀、成佛、佛教重要法類，都只是滿篇謊言或者神話故事罷了，邪見者認為

「我」是永恆的、獨立存在的，視無常為常。邪見者也不承認有前後世，認為死後意識也就沒了。沒有業果，死後沒來世，就沒有培養道德的基礎；因果不存在，所以傷害某人不會導致自己未來受苦，而幫助他人也不會帶給自己未來的快樂。

邪見者追隨如此錯誤的教義，不只造下受大苦的因，如此邪見變得根深蒂固，不管聽了多少次佛法，邪見障礙自己接受佛教修行道路的可能性。接受錯誤的見解，就造下這一世或在某一來世再聽到相同邪見的因，造成能瞭解佛法的機會愈來愈渺小。

根據佛教的定義，持邪見的人為數眾多，在此指不相信佛教主要宗義。例如，不懂四聖諦（four noble truths）的人，不見得是壞人，但是很令人深感難過的是，有人妄念以為自己能過得快樂，但過的生活與快樂之因相反。

很多人自稱是宗教信仰者，卻定期宰殺動物，相信這麼做會讓他們過得快樂；有人相信動物獻祭能安撫神明，神明會因此賜予他們想要的東西；有人相信殺掉反對自己宗教的人，是讓自己升天堂最簡單的捷徑；某些苦行者刻意自傷來獲得解脫；有人排斥宗教，視宗教為迷信，認為物質受用才是快樂的原因。

邪見者錯把毒當成藥，錯認藥是毒。這種人整個處在幻覺狀態，就像毒癮者吸毒神遊，世界顯現成很美的地方，但跟真相毫不相干。他們把懸崖看成美麗的花園，拔腿拚命朝花園奔去，下場是深陷困境，到三惡道受不可思議痛苦。

邪見是阻礙得到究竟寂靜的重大障礙之一，因為持邪見者沒能累積資糧。邪見者的思考無法超越當下的享受，他們相信只有今生，因此要去行善的理由似乎微不足道。他們無法分辨善惡，明明造下痛苦的因，卻以為是快樂的因，過程中傷害自他，毀了自己無數生生世世。即便邪見者再次生而為人，由於他們對於邪見的慣性，在那一世仍會持著邪見。

邪見是非常無明的心，想像自己成為邪見者，想像一下，認為因果不存在，佛法僧三寶不存在，把無常視為常，還指望無常能帶來快樂。再想想，自己現在已值遇佛法，有機會學習甚深法類，得以改善人生，這是多麼好啊！

應當思惟：「我現在不是抱持錯誤見解、沒有機會學佛修行的邪見者，我多麼幸運啊！我已得此暇滿人身，一定要好好學佛修行！」

三　十圓滿

之前談到，讓我們在今生能過得富有意義的八種有暇，另外還有十種情況稱為十圓滿，能大為豐富我們的生命。前五圓滿屬於個人圓滿，我們自身有暇讓生命如此充實；後五圓滿則是跟他人有關，例如有上師的護持。

第一圓滿：生而為人

第一種圓滿是生而為人。一般而言，人類指會說話、能溝通的有情，但從佛法的角度來看，真正的人指的是「為了超越今生快樂直至成佛果位，做此準備者」，這定義比起會說話、能理解，還有更深的意思。

沒有這種圓滿，就不會有機會學佛修行，應當思惟：「我這次生而為人是多麼幸運啊！另外，我已獲得學佛修行的自由，有了這種圓滿，能在任何時間，像在這二十四小時、這一小時、這一分鐘，造下我想達成三種殊勝目標的因。」這種圓滿比起等同地球一切微塵數量的鑽石還更具價值，要是不學佛修行，浪費此良機，即便是浪費一分鐘，比失去許多珍貴鑽石的損失還更大。

第二圓滿：生在有佛教的國家

第二種圓滿是生在中央的國，或稱有佛教的國家[29]，應當思惟：「就算我曾多次投生為人，卻不夠幸運生在有佛教的國家，現在我已擁有這種殊勝的幸運。」對此深深隨喜。

要是沒獲得這種圓滿，要是沒有生在有佛教的地方，完全沒機會學佛修行了。如是思惟有兩種方式，一是就地點而言，二是以佛法來說。

首先就地點而言，所有有佛教的國家，是因為這地方是賢劫千佛降世之處，這就是為何像菩提迦耶聖地是不可思議地殊勝。

符合有佛教的國家的條件，要看該國有無建立僧伽（Sangha），即沙彌、沙彌尼、比丘（bhikshu）、比丘尼（bhikshuni）。有受三十六條沙彌戒（vinaya）的沙彌、沙彌尼，以及受二百五十三條具足戒的比丘、三百六十四條具足戒的比丘尼。此處保有受戒的傳承，依然能傳戒給想出家受戒的人。出家是守護內心不犯惡行的重要方式，要是少了追溯至佛陀的完整傳承，就算有人懂傳承教法，此人也無法傳戒給別人。此殊勝傳承尚未斷過，仍存在著。毫無疑問，我們實在相

29 不一定是現代地理認為的國家不可，也常被譯為「國土」或「地方」。

當幸運。

有些人可能認為這跟他們沒什麼關係，不過是個風俗習慣，但其實能出家的人真的非常幸運，持受不同層次的出家戒，這是一條能快速成佛的道路。出家人其實處在最安全的地方，可以保護他們對抗外在敵人及自身的害行，如同在自己周圍架起防護柵欄。

一國有僧伽的話，真是太珍貴了，這不只是給予僧伽能傳戒給他人的機會，僅僅是僧伽的存在，就像是僧院或尼僧院，對於整個國家的福祉都至為重要。清淨修行者產生出來的能量，所帶來的正向影響無法言喻。

快樂來自於遵循業果之理，來自於斷惡行善。當然，修行者持戒清淨本身，就會給自己帶來很大的饒益，也同時饒益周遭。一國有無佛寺，差別極大，如果我們是住在寺院的比丘或比丘尼，會受到為共同目標精勤努力的其他出家人所滋養及鼓勵，我們同時也滋養周遭在家眾社區，啟發在家人要時時清淨持戒。

有佛教的國家，該國氣候、經濟、人民感到快樂程度等等，會受到僧伽修行的間接影響。從四和諧兄弟的公案即可得知，這四隻動物彼此互助，也有益該國。

古印度時期，某國遭逢嚴重乾旱及飢荒，人民彼此爭鬥打架，極不和諧。很奇怪地，之後居然出現轉機，氣候變得風調雨順、五穀豐收，重現和平快樂的榮景。國王見此相當欣喜，自忖會如此是因為自己領導有方；但其他大臣也認為是自己的功勞，彼此都認為國家重現繁榮，全是自己的功勞，跟他人無關。國王跟諸位大臣都想功勞自攬，因此國王召見名聲遠播、有神通力的智者者來平息這場爭論。

智者仔細觀察後告訴國王及大臣，事實上不是他們任何一位的功勞，而是森林和諧共處的四隻動物帶來的結果，這四隻動物是大象、猴子、兔子、鳥，牠們清淨持五戒，又把戒傳給別的動物。其實牠們是釋迦牟尼佛及三位弟子的化現，大象肩負傳五戒給別隻大象的責任，猴子帶領其他猴子持守五戒等等，如此一來，整座森林成了大同之處，和諧力量遍布全國，因而創造出風調雨順，人民能享受富饒，平靜、快樂的生活。

同樣地，寺院或尼僧院或許不會積極參與修改法律或是改善氣候，但由於僧眾及尼眾清淨持戒所產生出的和諧氛圍，會帶給周遭環境和平、和諧。

一國會被稱為「有佛教的國家」，除了有僧伽之外，也會因為佛法流布而能稱為是有佛教的國家。事實上，這兩者息息相關，因為「佛法住世」定義是該處仍有出家傳承，而此處所指的佛法主要是經藏跟律藏的教法。佛陀傳的八萬四千法門可分成三藏（Tripitaka）：律藏——佛陀對於戒律的教導；阿毘達磨（Abbidharma）——佛陀對心理學跟內心的教導；經藏——佛陀傳授的其他教言。即便也有金剛乘，也就是佛陀對密續的教導，但並不是所謂有佛教的國家必要條件。

由於僧伽及教法都存在，僧眾能解釋還存在世間的佛法，讓我們能夠實證佛法。遵循業果之理，不傷害自他，自然產生快樂。要做到遵循業果之理，之前必須對業果有所瞭解；為了瞭解業果，就要由僧伽給予我們開示，我們才得以學習業果，只有在殊勝又持戒清淨的大師還住世時，才有可能發生。再者，光是見到如此清淨的修行者，就能帶給我們啟發，跟隨他們的指引，少了如此的典範，很難真的立下決心追隨佛道。因此，一國有僧伽，另一國沒有，兩者差別甚鉅。

應當思惟：「要是我沒有生在有佛教的國家——此國還保留著完整佛法，仍有清淨的出家傳戒，沒有絲毫退墮——我就沒學佛修行的機會；即便我想讓自己行為舉止合乎戒律，想出家受戒，如果傳戒的傳承不復存在，我也沒此機會。我已經得到生在有佛教國家這種圓滿，真是太幸運了！以此圓滿，我就能達成三種殊勝目標，特別是修菩提心。」

第三圓滿：五根具足

第三種圓滿指五根具足。應當思惟：「就算我過去多次投生為人，生在有佛教的國家，如果生為五根不具足，就還不夠幸運。但現在我已經擁有了這麼殊勝的圓滿。」隨喜自己。

我們先前談過的第七種有暇——沒生為喑啞愚癡，要是無法理解或溝通，就不能學佛修行，所以傳統上，此有暇包括了不能有聽語障，問題癥結在於沒有能力去理解。西方有許多聽語障礙者，仍溝通無礙，可以跟其他聽力跟口說能力正常的人，一樣擁有精采豐富的人生。我曾看過聽障團體參加達賴喇嘛尊者的弘法，他們透過手語來學習佛法，真的很棒，多麼令人驚歎的手印（mudra）呀！視障者則可以使用點字板跟錄音作為輔具。

五根不具足也包括肢體不全，有可能是肢體不全者會被拒絕出家。聽障者、肢體不全者等等，無法受三十六條戒或具足戒。根據小乘說法，此類人不具備受別解脫戒（individual liberation vows）的身體，陰陽人亦然。

這是由佛制定的僧伽規矩其中一部分。佛制下條件，符合條件者方能剃度出家，佛知道五根不具足將會障礙個人及僧伽，寺院住持不得為五根不具者剃度出家。

當然，不是非得出家才能成佛，不過前提是在特殊的情況下。一般來說，要在佛道增上，需要跟隨不同層次戒律所給予的清楚指引，出家是相當重要的一點。想要清淨行善，出家身分比較容易做到，散亂也會大為減少，較易調伏內心。

我們應當好好探究這一點，看看五根具足帶給自己多少機會，而我們已經擁有此圓滿，又是多麼地幸運。

第四圓滿：沒做出五無間業

第四種圓滿是沒有做出任何一種五無間業。應當思惟：「就算我過去多次投生為人，生在有佛教的國家，五根具足，卻還不夠幸運到沒犯下五無間業。現在我擁有如此殊勝的圓滿。」隨喜自己。

五無間業指：

1 殺父
2 殺母
3 殺阿羅漢
4 惡心出佛身血
5 破和合僧

之所以稱五無間業，是由於這五種惡業不像其他惡業可以被中斷、延緩或淨化，這五種業是令人髮指的滔天大罪，一旦犯了，死後隨即投生三惡道，特別指的是最底層的地獄。臨終者的內心狀態最為重要，懷著善心往生，能影響到一般的惡心，而能投生善趣；但做出五無間業，死後幾乎不可能投生善趣，除非當事人強烈懺悔罪業，才能逃過此劫。

進一步地，做出五無間業者，不能出家受戒。剃度儀式一開始，會問要剃度出家的人幾個問題，其中一個是詢問是否有做過五無間業。如果做過，住持就不能為此人剃度出家。在不允許剃度出家的例子當中，並非沒有目的，因為就某種程度來說，出家人必須要有益於佛教，要是心續有如此嚴重惡習氣，不太可能辦得到。做出五無間業，會產生嚴重的障礙，對生起證量的阻礙極大。

以上是對第四種圓滿的一般定義，也有比較嚴格的定義，常見於寧瑪派（Nyingma）。寧瑪派提到，第四種圓滿指沒有犯下十惡業（ten nonvirtues）[30]其中一種，這是很嚴格的條件，意思是我們在時時刻刻做的事——飲食、坐著、睡覺等等，都必須只能造下善行。

我第一次聽到對第四種圓滿的解釋，是在尊貴的赤江仁波切座下。那是我今生第一次聽到道次第開示，就在佛陀初轉法輪的鹿野苑這地方，我不太記得其他內容了，這一點我倒是印象深刻。仁波切的解釋跟跟龍布桑耶（Rongphuk Sangye）——楚西仁波切[31]的根本上師，撰寫一本對通美桑

30 十惡業包括殺生、殺生、偷盜、邪淫、妄語、兩舌、惡口、綺語、貪欲、嗔恚、邪見。參閱仁波切即將出版談業力因果的新書，對十惡業有完整的解釋。

31 楚西仁波切（Trulshik Rinpoche, 1923-2011），喇嘛梭巴仁波切的上師之一，短期任寧瑪派法王，在尼泊爾建立土登確林寺（Thubten Choling Monastery），一九七三年冼娜・娜柴夫士基就是在此寺往生。仁波切的根本上師是雅旺滇津諾布仁波切（Ngawang Tenzin Norbu Rinpoche, 1867-1942），在絨布冰川腳下，艾弗斯峰北坡處建立寺院後，被尊稱為「札龍布佛陀」。通美桑波尊者著作的頌文在索南仁欽格西（Geshe Sonam Richen）的釋論有收錄，列於參考書目。

波尊者（Thogme Zangpo）著作《三十七佛子行》——的解釋內容很接近。

我們應隨喜自己沒有犯下五無間業此種圓滿。

第五圓滿：相信佛法

下個圓滿是對佛法有信心。應當思惟：「就算我過去多次投生為人，生在有佛教的國家，五根具足，沒有犯下五無間業，卻還不夠幸運到對佛法有信心。但現在我已擁有如此殊勝的圓滿。」隨喜自己。

光懂佛教各個法類還不夠，必須完全確信佛法就是我們離苦的出路，一定要對佛法有信心。經律論三藏跟培養戒定慧三學有關，對佛法有信心，意思就是追隨三藏。

不過，基本上信心指的是打從內心皈依三寶。有了皈依，即便我們聽聞甚深的教法，例如金剛乘教法，雖不解其義，由於我們對佛有堅定不移的信心，知道是自己的障礙導致無法理解，並不是佛教導的內容有錯。

我們不只需要對佛有信心跟依止心，對法跟僧亦是。很多人對佛有強烈的信心，但卻排斥佛說的法，例如金剛乘教法，或者甚至整個大乘學說。這不是因為他們覺得不適合自己而沒去修，他們確實感覺這些教法在某些程度上是錯誤的。為了要有完全的信心，必須先檢視教法，確定教法無有錯謬；要做到這一點，就必須跟善知識的關係十分堅固，不然我們永遠都沒辦法克服學習更深奧教法的障礙，這也就是為何，我們當中極少數人能夠坦然誠實地說自己相信一切教法。

對道次第相當有信心，也深受啟發，內心會因而改變。如果少了信心跟啟發，會變成油條子，也會漫不經心，馬馬虎虎。一聽見道次第，想的是：「喔！對啦，對啦，我知道，這些內容我已經聽過一百遍了！」不管我們聽了多少佛法，心依舊文風不動，心會像在海裡的岩石，穩穩地在那裡十億年之久，依然沒變，外在是濕的，裡面卻沒變化。

另一個比喻跟藏人用來存放奶油的皮袋有關。通常奶油的作用是讓皮革變軟，但被奶油滲透過多的話，皮革反而變得像石頭一般堅硬。我們不該對佛法隨隨便便，否則佛法再也影響不了內心。有句話說：「殊勝佛法能調伏惡人，調伏不了油條子。」如果我們因為常聽到相同法義而心生排斥，可能會失去對全部佛法的信心，這就是油條子，淪落至此非常危險。

光是身處教法廣弘的地方，並不代表自己自然對教法會生起信心。在西藏跟尼泊爾，在佛道獲得證量的聖者（arya）無數，就像是在無月、清澈夜晚的繁星那麼多，佛法也已經弘揚整個西藏，依舊有很多人行為表現像佛教徒，也自稱是佛教徒，但其實內心深處對佛法並沒有信心；而且在所謂「佛教徒」的種種行為，暗藏著自私自利及俗事。

想想我們現在對佛法有信心，這是多麼幸運啊！特別是道次第的教法，帶給我們這麼強心力及學佛修行的堅定決心。

第六圓滿：生在有佛出世的時代

前五種圓滿是本身擁有的特質，後五種圓滿則是跟他者的關係。

第六種圓滿是生在有佛出世的時代。應當思惟：「就算我過去多次投生為人，生在有佛教的國家，五根具足，沒有犯下五無間業，對佛法有信心，卻還不夠幸運到生在有佛出世的時代。現在我已擁有如此殊勝圓滿。」隨喜自己。

當然，釋迦牟尼佛已不在世間，要是因為這一點，而主張現代是無佛出世的時代，這種說法對此種圓滿的定義未免過於狹隘。佛出世時，弟子能直接從佛座下學習佛法，從那時至今傳承未斷，代表佛法仍是清淨的。現在佛陀以上師身分住世，上師就是佛陀的清淨代表，從上師座下學法，等於從佛陀座下學法。

為了瞭解活在有佛住世是多麼難得稀有，我們必須對宇宙演化的大劫略加瞭解。我在後面會詳加解釋，先略述一二。

依照經典所說，世界會經歷四劫週期：成、住、壞、空。諸佛只會出現在住劫，此時諸佛會饒益業緣成熟的有情。

此外，一劫可分二十中劫，人類壽命從八千歲開始減少，一直到壽命十歲為止，接著再往上增加壽命。佛只會出世在特定的時期，經典提到此劫會有千佛出現，導師釋迦牟尼佛是第四尊佛，賢劫千佛會有三尊佛宣說金剛乘教法，釋迦牟尼佛就是其中一尊佛，代表著這世界還存在著完整的佛法，多麼不可思議希有難得。

釋迦牟尼佛教法在世間的時間快結束了，影響力也到盡頭，目前就像是燭火將滅前的最後火花，或者像落日隱沒山邊的微弱光線。我們何其有幸，能在如此希罕難得的時期生而為人，已值遇能傳授及教導我們完整佛法的上師。還不算太晚之前，能收到這無上珍貴禮物，多麼幸運！

佛法的豐富珍寶還存在世間，佛法仍像佛陀在世般廣為弘揚，沒有錯誤或失真，我們能活在這時代跟有佛法的地方，真是無比幸運！如果佛法已經消失，或者被毀壞了，我們能怎麼辦呢？這些事在不久的將來就會發生，因此我們必須盡一切力量，還有這麼寶貴良機的時候，在學佛修行上充分增長。

第七圓滿：生在佛法仍住世的時代

第七種圓滿是生在有佛法住世的時代。應當思惟：「就算我過去多次投生為人，生在有佛教的國家，五根具足，沒有犯下五無間業，對佛法有信心，出生在有佛出世的時代，卻還不夠幸運到生在佛法仍住世的時代。現在我擁有如此殊勝圓滿。」隨喜自己。

佛出世已經很難得了，佛出世後會開示佛法更是難得。當然，諸佛的佛行事業只有饒益有情，而最殊勝的饒益方式是開示佛法。大多數時候，人類無法理解佛法，所以佛會以別的方式饒益有情。有經典提到，人類平均壽命減少到十歲時，就是下一尊佛——彌勒佛（Maitreya Buddha）出世的時候。那時，人類身形矮小如兒童，彌勒佛會以巨大身型出現，身上發光燦爛，身為金色。就算那時的人沒有能力懂得佛法，光是佛出現於世，並示現十二行誼[32]，就能啟發人類慈愛相待，累積資糧；這麼做會促使人壽增加的新循環，人類身體也將逐漸變高大。

32 經典提到此劫誕生在這世間的每一尊佛，會示現十二種行誼：1從兜率淨土降生，2入胎，3誕生，4精通技藝，5住皇宮，6捨棄奢華生活，7苦行，8坐於菩提迦耶菩提樹下，9戰勝魔軍，10成佛，11說法，12入涅槃有時候，由於在佛身旁的有情有障礙，佛能做的就是發出光芒，加持有情，佛不會開口教導佛法，這類有情沒有機會像我們現在能學佛修行。有時候，佛在成佛的下一刻，可能就會示現圓寂（parinirvana），進入無憂境界，因此也不會開示任何佛法。如果釋迦牟尼佛當時在菩提樹下證悟成佛後，即刻圓寂進入無憂境界，就不會有佛法在世，我們無法得知要如何行善，或者如何饒益自他。

佛陀出生時，另外四位印度國王也喜獲麟兒，整個世界充滿耀眼白光。每位國王都認為是自己兒子誕生，才有如此不可思議的詳兆。有位睿智的婆羅門長者，他能預知未來，知道耀眼光芒是由於釋迦族王子誕生；不只如此，他再觀察更遠的未來，看到悉達多太子將會成佛，具有成佛的三十二相、八十隨行好[33]，成為偉大的精神領袖。

長者稟報國王跟王后後，竟然放聲大哭。國王跟王后看了，憂心忡忡，詢問長者：這麼吉祥的事，為何他會難過呢？長者解釋，等王子成佛，弘法之時，自己已不在世間，無法親眼見到這位未來佛。換句話說，佛出世時，這位聖者還活著，壽命卻不夠活到佛法弘傳那天，不具備這種圓滿。

太陽即將西落，天色愈來愈暗，此時由於佛法尚存，具格上師仍在世間，我們依舊有機會學習殊勝佛法。現在不只是佛出世，而且佛也傳法，我們的確擁有此美好圓滿，多麼幸運啊！

33 網站 LamaYeshe.com 線上詞彙對此提供更多解釋。

第八圓滿：生在有完整佛法的時代

第八種圓滿是：不只生在有佛法的時代，而且佛法仍完整保存於世。應當思惟：「就算我過去多次投生為人，生在有佛教的國家，五根具足，沒有犯下五無間業，對佛法有信心，出生在有佛出生的時代，生在有佛法住世的時代，卻還不夠幸運到生在有完整佛法的時代。但現在我已經擁有如此殊勝圓滿。」隨喜自己。

如果說能踏進佛門的人屬於稀有難得，佛法各個乘門——小乘、大乘，大乘又分波羅蜜多乘（佛經）及金剛乘（密續），這些乘門還存在於世，則更為稀有難得，我們算是即時趕上末班車。如同飛機艙門準備關閉，即將起飛的前一刻趕到機場，還不算太晚，沒有擦身而過。

如果我們在學佛的時間點出生太晚，像在所有西藏上師都圓寂了，沒人能開示完整的成佛道路，如此一來，就算想在內心種下成佛道上的種子，都極為困難，遑論聽聞完整教法。我們就這麼剛好，時間如此恰好，要是再晚點出生，即使有人身也不具有特殊目的，這樣的人不會比動物還更高級。

完整經續教法還存在，意思不只是有解釋教法的佛書，如果我們去世界級規模的大學或公共圖書館，會看到很多圖書室擺滿佛開示的經書、班智達寫的種種釋論、有名學者針對這些釋論寫的多篇論文。光有這些，並不表示佛法存在世間，佛法真正在世，必須存在於修行有成的行者內在證量。

佛法可分外在佛法及內在佛法兩種層次，也可說是「文字意思」及「體證文字意思」的兩種層次。學習佛法屬於外在層次，生起證量則屬內在層次，亦即佛法存於內心，這才是佛法住世的真正定義。光懂佛學沒什麼價值，真正的懂是指我們依教奉行，修行有成，這種是來自內心的理解。什麼佛學知識都懂，甚至學過菩提心，卻沒對任何人有慈悲心，這樣沒什麼意義。

在導師釋迦牟尼佛住世的時代，獲得成就的意思是指已達到聖者果位，也就是除了直接現證空性之外，還要對菩提心有深刻體悟。但是或許現今五濁惡世（five degenerations），應該稍微調整「有佛法住世時」的意義：有真心誠意的修行者，對佛法有甚深瞭解，精勤不懈地在生活依教奉行。

帕繃喀大師在《掌中解脫》提到，獲得此圓滿非常罕有，而且必須齊備許多獨特條件才能做到[34]。有佛出世非常希罕；佛出世後會開示佛法更為希罕；進一步地，佛開示完整佛法，又更加希罕；還有高證量的具格上師能開示教法的精要，又愈加希罕。

一切希罕中的希罕，是我們值遇高證量的具格上師，對上師有依止心，能得到上師開示偉大實相的精要。我們已經值遇了大悲佛觀世音菩薩化現的達賴喇嘛尊者，有多少人有這種機會呢？我們有這樣的業力值遇尊者，多麼棒啊！在這世上實在至為希罕。

從我這一方來說，我沒有修行功德可言，不過，我很開心把很多弟子介紹給諸多偉大上師。儘管我本身沒功德，我能把弟子們送到上師座下聽法，像是達賴喇嘛尊者、克帝參夏仁波切、尊貴參夏色貢仁波切、尊貴宋仁波切、登馬洛確仁波切（Denma Locho Rinpoche）等等上師。當然，這一切歸於耶喜喇嘛不可思議慈愛心，我對此滿心歡喜。

此種圓滿意味著：不僅存在解脫得到涅槃的佛法，例如巴利語系佛教，還必須有大乘佛教兩條

34 參閱《掌中解脫》一書。

道路——波羅蜜多乘（Paramitayana）及迅速的金剛乘，為了一切有情，走大乘道路證得佛果。要是明白能接觸佛法是多麼稀有難得，會讓我們好好珍惜這珍貴禮物；接下來瞭解能進入佛陀的完整教法，特別是最甚深的密續教法，更加稀有難得，宛如在自家後院發現一座鑽石山。

就像佛法最基本的教法，無法符合所有人的興趣或根器，能受到大乘教法饒益的人數，比能被小乘教法饒益的人數要來得少。這是符合邏輯的，因為別解脫（individual liberation）的修行者走的佛道容易多了，不需對於實相的本質有敏銳的分析，也不需立誓幫助一切有情，不是許多有情，而是一切有情。

大乘主要分兩個乘門：波羅蜜多乘跟金剛乘，波羅蜜多乘的階段性道路，比起金剛乘這條甚深又快速的道路，前者適合比較多的人。就算金剛乘是成佛的快速道路，能讓我們在一世獲得佛果，無須像波羅蜜多乘要花三大阿僧祇劫時間成佛，但只有極少數人能從金剛乘獲得饒益。

金剛乘也稱作「秘密乘」，因為受灌頂者不能透露修持細節。這不是什麼邪門歪道，而是適合修金剛乘法門的人，必須具備非常微細的瞭解，必須完全準備好，否則會發生可怕的誤解。因此，金剛乘法門只開示給少數相當聰慧又具善緣，內心合適此法門的人。

當今時日，仍有人批評金剛乘，認為金剛乘非佛說，而是後輩像是龍樹菩薩等人創立。這種想法大錯特錯，顯示出由於誤解，這些人毀謗了佛教相當重要一面；此外，此類批評造下極大惡業。

我們被深厚煩惱遮蔽住，不得而見。可從《心經》（Heart Sutra）[35]讀到，佛陀在靈鷲山

35 《心經》（梵音 prajnaparamita-hrdaya）：佛陀開示空性的眾多般若蜜多經典當中，最廣為人知的一部。

（Vulture's Peak）對諸多的佛及菩薩開示心經，但要是到靈鷲山，只看到光禿禿的石頭，可能甚至認為《心經》描述的是神話故事，因為山頂岩石面積，不可能容納得下那些菩薩。其實，我們就是惑重罷了，要是眼睛見得到，會看到靈鷲山上至今仍有許多法會在進行著。

釋迦牟尼佛開演密咒教法時，會化為該本尊（deity），將場地轉為本尊壇城，接著對極為幸運的當機眾開示密咒教法。有些人否定金剛乘，甚至否定大乘，暗示只有一種程度的有情，一種程度的心，那麼佛陀開示不同程度的佛法，意味著佛傳的法門並不善巧。其實，有情內心程度各有不同，根器也各種各樣，佛陀說不同程度的佛法，就是為了利益不同程度的有情。

釋迦牟尼佛是此劫第一尊佛開示金剛乘教法，此劫會出生的一千尊佛裡面，只有三尊佛會開示密法。經典提到之後第七尊佛──宗喀巴大師的化現，名號「獅子吼如來」，會開示密續教法；接著在千佛的最後一尊佛也會開示密法，因為他曾發願：「前面諸佛為有情做的種種，我也如是而行。」

不僅世上只有極少數人具有修金剛乘的業力，在無數其他世界的無數有情，並沒有修金剛乘的業力。這世間除了當今時期以外，金剛乘不會出現在其他時期。

第九圓滿：生在有人追隨佛法的時代

第九種圓滿指生在有人追隨佛法的時代。應當思惟：「就算我過去多次投生為人，生在有佛教的國家，五根具足，沒有犯下五無間業，對佛法有信心，出生在有佛出世的時代，生在有佛法住世的時代，生在有完整佛法的時代，卻還不夠幸運到生在有人追隨佛法的時代。現在我擁有如此殊勝圓滿。」隨喜自己。

所謂「追隨佛法」，其定義是指皈依三寶者，要皈依才算入佛門。皈依的因有兩種，一是對輪迴痛苦產生良性恐懼感，這種良性恐懼感能帶我們尋找離苦之路；二是對佛法僧的信心，先是瞭解到，三寶是讓我們能永遠離苦的真實不欺道路，進而相信三寶。單從閱讀佛書或瞭解佛法義理，就說是追隨佛法者，這種說法完全不是此種圓滿的意思。

事實上，皈依佛有兩種，一是皈依歷史上記載的佛——釋迦牟尼佛，這是外在的皈依、外在的佛、外在的引導者，屬於因的皈依，引領我們走向佛道。另外一種皈依佛則是內皈依、內在的佛，也就是我們本具的佛性——果的皈依，也就是我們在將來會證悟的佛。

第九種圓滿，告訴我們有完整佛法仍不夠，還要有人追隨及實修佛法，由於如此，我們也才有機會追隨佛法。好比走進一座美麗花園之前，原本站在大門外看著花園，如今已進入花園了，歡欣享受美麗花園。以前我們曾多次投生在有佛出世的國土，當時的我們還留意到這件事，卻從來沒有真正實修，這就是我們至今尚未獲得證量，或未能掌控煩惱的原因。

世上許多地方有很多人想要學佛修行，卻只能在書店找到佛書，周圍沒有其他人追隨佛法，他們也就沒辦法得到必要的指引。不管此人從讀佛書跟實修經驗得到多大的啟發，一旦少了萬無一失的指導以及同行善友，光靠自己要證菩提心、空性這種目標，實際上很難進步。

中國入侵西藏之前，在西藏有許多殊勝上師，藏人大多深信佛法，但仍有很多藏人沒有依教奉行，甚至不是佛教徒，例如在西藏就有規模龐大的穆斯林社區。為數眾多對佛法有信心的藏人，其實只有少數人對佛法不僅是表面粗淺的認識而已。因此，這種圓滿表示：不只需要佛法存在於世，我們為了治病，取得世上最好的、最昂貴的藥材，如果不服藥的話，病也不會自動痊癒。如果我們不曾造下能聽聞及結合佛法的業，果報也不會發生。即便有尊佛就在隔壁房間說法，我們恐怕也懶得去見佛。達賴喇嘛尊者現今在許多國家弘法，但這不代表世上每個人都會去聽法。

我們可以在佛教誕生地——印度，清楚地看到這一點。印度曾是佛陀居住跟弘法的地方，就在佛陀涅槃一千五百年之後，規模大的佛學院繁榮興盛，有高證量的行者在禪修及開演佛法，清清楚楚地鋪展出整個佛道。就算現今佛教在印度已衰微，但佛法已傳到他國，例如西藏便保存完整佛法。

現在，拜中國侵占西藏之賜，殊勝上師們回到印度，在印度的人又能接觸佛法。位於達蘭薩拉（Dharamsala）的西藏文物與文獻圖書館（Library of Tibetan Works and Archives），不斷開設課程，由世上偉大的佛教老師親自教導；不過報名參加的印度人不多，大多數學員是西方人，從這裡可看出業力差別。

在西方要請到西藏師長，不僅手續繁雜，且花費龐大，有時耗費數年辦護照、簽證等等；而來印度的西方學生也會遇到很多困難。另一方面，在印度各地，像達蘭薩拉，佛法及殊勝上師隨處可見，但有興趣的印度人卻很少。有多少印度人在學佛呢？有多少印度人剃度出家呢？就算是佛法在印度弘傳，卻很少印度人追隨佛法，印度人沒能增長對佛法的認識，內心也不會隨著佛道一步步獲得進步。

我對西方人的第一印象錯得離譜，那時耶喜喇嘛跟我開始在尼泊爾弘法，大多數學生是嬉皮，長髮蓄鬍，身體骯髒，衣衫襤褸。當時在加德滿都四處可見皮膚蒼白、眼神空洞的嬉皮，這些嬉皮既奇特又單純；到柯槃寺的嬉皮則是好奇心旺盛，耶喜喇嘛跟我都很喜歡跟嬉皮相處。然而，過了一段時間後，我猜有些西方國家請尼泊爾政府不要讓嬉皮繼續待在尼泊爾，尼泊爾政府改了簽證規定之後，來尼泊爾的嬉皮人數日益減少。

我出國之前，對西方的印象來自於跟嬉皮學生的對話以及《時代雜誌》。耶喜喇嘛跟我的第一位西方弟子，名叫冼娜•娜柴夫士基（Zina Rachevsky），她有很多朋友，會聊起在西方社會的日子。有些人過得像農夫，跟動物住在一起；有些人則過得像天人那般奢侈。他們描述的西方生活，對我而言太極端了，不是窮得要命就是極度奢華。

不知為何，嬉皮到柯槃寺學佛似乎很自然。耶喜喇嘛跟我應邀去西方弘法的時候，我看到西方生活後大吃一驚！西方並不像尼泊爾，到處是衣衫襤褸、住在陋屋的嬉皮。我目睹西方的富有，似乎人人都擁有物質享受，他們的生活步調，以及重視的東西，這讓我對於去尼泊爾的嬉皮們驚歎連連；西方社會簡直像是外星球，住在這種環境下，似乎不可能有人會想到佛法。我去了西方國家之後，對於為了尋找真相，拒絕物質主義跟享受的年輕人，在尼泊爾過著那般的生活，讓我佩服不已，宛如天人會拋棄如夢的天界生活，這卻是真實發生在這世上。

拉登仁波切（Geshe Rabten）[36]首度去西方國家弘法後，返回達蘭薩拉，開玩笑地告訴弟子：他原本以為藏人既世俗又安於現狀，做生意或喝青稞酒（chang），同時慵懶唸咒。但格西在西方國家看到西方人之後，他發現藏人並不像他想的那麼空洞，至少藏人做的事算是正向的，藏人有虔

36 拉登仁波切學識精深廣博，在教導西方人佛法上有很大的影響力。

誠心也信佛，就算對業果瞭解很粗淺，還稱得上對業果有些認識。我們要是看看周圍，會明白格西玩笑話裡帶著很高的真實性。

我們能區分善及不善，且具有淨化內心直至成佛的潛力。再者，完整大乘教法，包括整個金剛乘，此快如閃電的成佛道路仍存在世間。由於修持金剛乘必須要將氣移到身體中脈，只有人類身體辦得到[37]，而且只有南贍部洲[38]的人類能從金剛乘教法得到饒益；符合條件的身體必須有得自母親的三個要素，以及得自父親的三個要素[39]，只有在南贍部洲才有這種人類身體。

我們應該對於自己擁有此圓滿歡喜至極，能學習佛法的人已經算少數了，我們不只學習佛法，也具有一定的信心，還能夠追隨完整顯密教法；當我們繼續學法時，會愈來愈清楚，此種圓滿是多麼珍貴且脆弱。時間短暫，因此務必要投入所有心力，善用此珍貴禮物。

第十圓滿：具足學佛修行必要條件

最後一種圓滿是具足學佛修行的必要條件。應當思惟：「就算我過去多次投生為人，生在有佛教的國家，五根具足，沒有犯下五無間業，對佛法有信心，出生在有佛出世的時代，生在有佛法住

37 參閱本書第六章。

38 氣（梵音 prana；藏音 lung），為精神能量，心識騎乘於上，順著跟神經系統平行的脈流動，最主要的脈分三，位於脊椎前面的中脈以及中脈兩側的左右脈。脈連結處稱為脈輪，位於身體不同處，特別是心輪、喉輪、頂輪。

39 皮、肉、血得自母親；精、骨、髓得自父親。

世的時代，生在有完整佛法的時代，生在有人追隨佛法的時代，卻還不夠幸運到具足學佛修行必要條件。現在我擁有如此殊勝的圓滿。」隨喜自己。

此處的重點在於：為了修行順利無礙，尋求必要的幫助。就某些方面來說，此圓滿在一切圓滿當中最稀有難得。

我們能值遇佛法，追隨佛法之前，有許多條件必須皆具足；能具足一切條件的人，有時看起來就像是奇蹟。不光是要具足外在條件，例如家人或慈愛功德主的護持，各種條件當中最重要的是，要有善知識的悲心及關懷，善知識是嚮導，指引我們萬無一失的道路。

佛教國家傳統上由在家居士護持僧伽，出家眾不太需要擔心飲食或住所，因此擁有很大的修行自由。西藏諸大寺院也是依賴藏人供養，即便現今像是泰國、緬甸，仍維持佛陀在世的傳統，出家人托缽行經村莊，受村民供養。

在西方沒這麼容易，如果住在出生國，通常必須全職工作，在社會生活。要是去亞洲學佛、禪修，要事前存夠旅費，或者仰賴親朋好友的慷慨贊助。有可能遇到很多困難，很多學生去印度或尼泊爾，一片赤誠想學佛，卻因缺少必要的支持而無法久住；不只是錢的問題，也可能很難拿到簽證，或者簽證停留期限比預期短多了。

基本上，學佛修行所需的一切順緣，需要非常多的資糧。對於很多人來說，也需要改變心態，我們要清楚優先順序，知道什麼重要、什麼不重要。如果自己打算做長期閉關，或者上長期的佛法課，需要財務支持的話，請求別人幫助並不丟臉，也不會傻；會覺得丟臉，這不過是西方社會的先入之見。要是不貪著現世，也不是懶惰懈怠，以清淨心請求他人幫助的話，會帶來很大的利益，能讓我們學佛修行，肯定能使自己富足，也能讓功德主富足。

最後這種圓滿的另一個條件，也是最重要的方面，是慈悲善知識引導我們。善知識不只是告訴我們如何獲得世間成就的老師，不只是幫助我們找到來世安樂，甚至獲得別解脫的人，善知識指的是：能對我們開示完整佛道，從我們目前情況為起點直至成佛，這條修行道路的上師。

能擁有此圓滿，真的太稀有難得，太珍貴了！我聽過多位西方弟子的親身經歷，他們尋尋覓覓上師，發現要找到上師實在太難了，有這麼多位所謂的「上師」，哪一位能正確無誤地引導我們離苦呢？有人為了得到世間快樂，依賴自助書籍跟專家意見，這種作法在這裡行不通。有人經歷充滿異國風情的東方之旅，但這也行不通，就算有人帶他們接觸佛教，帶他們去見殊勝師長，他們仍會看到對方有缺點，他們就是沒有業力在那時遇見對的老師。

很多人都想現在快樂，未來也快樂，想要追隨精神道路，他們發現了魅力十足的師長，深深被吸引住，但這位師長已經放下自我了嗎？他有夠強的悲心能把自己奉獻給弟子嗎？他的智慧足以善巧引導弟子嗎？很多人尋找善知識，找到的卻是惡知識。就算下輩子再得人身，都需要近乎圓滿的持戒，但有些師長既不持戒，也沒鼓勵學生持戒，這種老師沒辦法把我們救離三惡道，更別說帶領我們走在正確無誤的成佛道路。

不過，我們這一次已值遇善知識，善知識指示我們無誤道路，以此道路能獲得快樂流轉有情之身，並且在佛道持續進步；我們已經值遇了具大悲心、智慧、善巧方便的善知識，依照我們內心程度來引導，能遇此善知識，多麼不可置信的幸運啊！

觀修八暇十圓滿的目的

八暇十圓滿並非達不到的理想清單，其實我們已擁有大部分的暇滿，已經在成佛道上走了好長一段旅程，應當隨喜自己，千萬不可自滿得意。我們以前造了許多的善因，好不容易走到這裡，擁有當今的暇滿，一定要繼續造如此的善因，否則可能很容易失去了辛苦得到的暇滿。我們目前距離證悟成佛這終點，路程還很長，路途也會很辛苦，我們要明白這一點，做好正確的準備。

宗喀巴大師強調，修行人務必盡最大努力，自身言行舉止隨時具正念，只行善，絕不造惡；不僅如此，修行人也要以四力對治法（four opponent powers）[40]及其他懺罪法門，精進地淨除心相續的惡習氣。

要不斷提醒自己，這輩子擁有暇滿人身是多麼珍貴。這種提醒非常值得去做，心情低落、沮喪憂愁時，應該想想在地獄受的痛苦，並瞭解到，就算我們這時沒生在地獄道，但最近困擾我們的種種煩惱，可能會導致我們投生地獄道。貪欲盤據整個人時，應該想到餓鬼，餓鬼受到求不得苦的折磨，是由於前世的強烈貪欲導致，看看貪欲對我們多麼有害啊！要是被蚊子叮咬，不要生氣，要思考蚊子的故事，是什麼原因導致生為吸血維生的蚊子呢？進而瞭解到，儘管我們以前也造下當蚊子的因，但這輩子我們是人，想做什麼都有可能，有這般自由，是多麼令人驚歎啊！

現在就像夢一場，我們現在沒在地獄受苦，沒像餓鬼受到飢餓跟口渴之苦，也不是蚊子、蟑螂，

40 四力對治法指對治惡業，因而能淨化惡業的四部分，包括依止力（皈依三寶及發菩提心）、懺悔力（懺悔某項惡業）、防護力（絕不重複該項惡業）、對治力（修懺罪法門，例如持金剛薩埵心咒）。

除了奮力生存之外，沒辦法做其他事。只有人身才能學佛修行，地獄道有情辦不到，餓鬼也不行，青蛙、大象、貓、蟲子也不行。世上修行學佛的人很少，奇蹟般地，我們竟然做到了。

如此看待每種有暇及圓滿，將日常生活的經驗對應自己現在的暇滿，生活中每件事都能變成佛法教言，一再告訴我們：此人生是多麼不可思議，擁有這些暇滿又是多麼難得稀有。每一次的人生經驗再再提醒自己，一定要善用每一次學佛修行的機會，斷除拖累我們的煩惱。沒有時間浪費了。反過來說，如果我們具智慧地善用時間，所過的每分每秒，都讓自己愈靠近成佛。

或許經過仔細檢查後，發現自己缺少其中一或兩種的有暇或圓滿，或是有幾種暇滿的力量不夠大，要是如此，就該好好想想，怎麼增強該有暇或圓滿。

也許我們的確在學習佛法，對佛法的信心卻不像第五種圓滿描述那麼強大，中間缺少了什麼呢？該怎麼去補強？或許我們被世俗生活強拉著，沒有符合第十圓滿描述的那樣，具備學佛修行的種種順緣，要怎麼改變生活，讓這些條件都能圓滿呢？

要是現在缺少了八暇十圓滿其中一兩種，不必沮喪難過，我們必然擁有大部分的暇滿，這已經是不可思議、值得隨喜的因了，也代表我們的人生是極有意義的，以此暇滿人身，有力量去做任何想要的事。

四 思考得暇滿人身的殊勝利益

傳統上，道次第在解釋暇滿人身的條件後，接著是暇滿人身具有的殊勝利益。帕繃喀大師在《掌中解脫》將此法類分為三種主題：

一、暫時利益

二、究竟利益

三、如何讓暇滿人身每一剎那具有利益

現在的暇滿人身具有三種令人無法置信的利益，帶給我們今生及來世的暫時利益、解脫輪迴、證悟成佛的究竟利益，我們能讓每一刻過得別具意義[41]。

我們想要的任何快樂都可能實現，暫時利益像是：生為長壽天天人，壽命多劫，或者來世生於淨土等等。這些稱為暫時利益，不僅不屬於生命究竟意義之外，這些利益是我們還在輪迴時就會經

41 這跟從三種殊勝目標：來世快樂、解脫輪迴、證悟成佛的角度理解修行道路稍有不同。參閱《掌中解脫》。

歷到的，有朝一日終將結束。

另一方面，究竟的目標像是：解脫輪迴或證悟成佛，則不會有結束的時候。做每件事情時，藉由設定最廣大的動機——為了一切有情而想證悟成佛的深切動機——能保證我們會隨順地成辦另外兩種殊勝目標。再者，為了來世快樂所造下的因，同時也會讓今生過得有意義，又確保今生的快樂。

當內心充滿菩提心，就算我們沒有自覺在做法行，依舊造下了成佛的因。當我們供燈、供香時，點燃著每一剎那，都是造下成佛的因。我們每一次呼吸、吃的每一口食物、踏出的每一步，做的每件事，都帶著自己及一切有情離成佛愈來愈近。

將究竟目標銘記在心，會賦予我們力量，承擔必須去做的實修，也能克服尋求成佛面對的種種難關。除非我們持戒清淨，否則即使不是存心，仍會傷害到他者，也會擾亂自己的心，使內心難以獲得圓滿禪定。缺少禪定力的話，就不可能對於實相的本質有深刻的體認。然而，藉著清淨持戒，禪定力、慈悲心、智慧，將迅速增長。再者，當我們增長這些功德的時候，就是充分善用生命每一刻，這也就是為何，瞭解暇滿人身具有暫時跟究竟利益的重要性。

◆暫時利益

不管我們想要投生當人、轉輪聖王、長壽天天人，在擁有暇滿人身的時候，能選擇自己的來生；就算想投生淨土，在諸佛菩薩座下聽聞佛法，迅速成就佛果的話，也可能辦得到。我們過去多生多世，持戒清淨，修持殊勝的布施，也發下無垢的願，在這些順緣齊備下，導致現在獲得此暇滿人身。

今生若也如是而行，能確保未來再得暇滿人身。

如同我們在過去世辛勤努力，今生得到暇滿人身這份大禮，來世會如何，取決於現在所做的一切，一切取決自己手上。我們過去長久以來，一直祈願能得到這個機會，現在我們得要祈願：這麼好的事，未來還能持續下去。不論我們想要什麼樣的來生，如果造了對的因，那個來世會等著我們。

（二）得增上人身

以此暇滿人身，能造下再得適合學佛修行的人身條件。理想上，此種來生具有八種異熟功德，如帕繃喀大師在《掌中解脫》提及[42]，有八種條件是最適合學佛修行的順緣：

1 長命百歲
2 相貌莊嚴
3 出身高貴
4 身家富裕
5 有權有名
6 語得信賴
7 生為男性

42 參閱《掌中解脫》一書。

8 身心強健

以上每一種特質能讓學佛修行更為容易，我們應當盡力培養這些特質。

第一種異熟功德——長命百歲。要是我們把生命花在追逐世間享受，不管活多久，生命全浪費了，活得愈久，對他人的傷害愈多，自己死時將蒙受大苦。長壽能給我們更多學佛修行的時間，因而取得暇滿人身更大的利益。

第二種異熟功德——相貌莊嚴。指身相俊美或美麗動人，使我們具有吸引他人、影響他人的力量，從而更能利益他人。

第三種異熟功德——出身高貴。這一點對西方人來說可能聽起來有點奇怪。即便現今在印度及尼泊爾，出身種姓仍很重要，種姓決定社會地位。想要出身高貴的目的，並不是為了常伴隨的財富（在印度也有很多人種姓高貴卻貧窮），而是獲得他人對於出身高貴的敬重。這不是想要得到出身高貴的好名聲，而是別人敬重自己時，會比較容易影響對方。我們要盡可能饒益他人，因此對方敬重我們，我們饒益對方就會事半功倍。

即便在西方社會，要是有人職業是屠夫，例如要做宰殺的工作，其他人看他，就像他做了不好的事，帶來負面影響。另外，在印度及尼泊爾，種姓高貴的人贏得眾人尊敬，有些偉大的上師，像是釋迦牟尼佛及阿底峽尊者，也選擇投生尊貴種姓的家族，因此許多人會聽從他們的話，受到饒益。世尊及阿底峽尊者捨棄貴族生活所有財寶及權勢，把生命投入在佛學修行，都是給我們教導的典範。看到乞丐在禪修並不會啟發我們想去禪修，但如果像是國王兼具財富權勢的人禪修，百千萬人民會受到啟發，也跟著學習禪修。

西方沒有像這樣的種姓制度，但西方人仍受富人及名人影響。例如像李察吉爾這樣的名人，老少皆知，大眾競相模仿他們衣著及生活風格，他們變成了世人的典範，如果是好的典範，就會有很強大的正面影響力。

同樣地，接下來的兩個功德，像是有權有名，目的不是為了世間享受，而是這種能力能讓我們影響他人，帶其他人進入佛法。國王或獨裁者對該國人民的影響力極大，毛澤東當中國共產黨主席，統治中國多年，告訴人民該做什麼事、該怎麼想，其影響力造成百千萬人深受痛苦。中國人犯的錯誤在於沒去分析毛主席思想，沒有查證他說的話是否正確，只是盲從追隨，就因為他有極大的勢力及名聲。他的勢力和名氣控制軍隊及人民。

第六種異熟功德——語得信賴。意思是指別人信任我們說的話，我們說的話具有分量。達賴喇嘛尊者就是完美的典範，尊者只要說隻字片語，就能在大家心中留下非常良善的影響。我們就算講同樣一件事，講得鉅細靡遺，重述無數次，也沒有人會聽進去；但像達賴喇嘛尊者，他只要概略提一下，每個人都會好好地聽進去。尊者說的一字一句，都具有能廣大利益有情的力量。

如果我們也想同樣以言語影響其他人，一定要造下語受信賴的因。就像要是先生靠不住，太太對於先生說的話就不會買帳；如果我們說的話沒有力量，其他人也不會信我們。要能影響他人，先別提千萬人，就算影響少數人，都需要造下對的因。不管我們對其他人說什麼，目的永遠都應該是引領對方走上佛道。

第七種功德——生為男性。這一點常引起西方弟子錯愕，的確不需要男性身體才能成佛，不分男女同樣能成佛，佛教從來沒說女性不能成佛。

我記得很久之前，在菩提迦耶的根中心，卡琳（Karin）法師請教克帝參夏波切（Kirti Tsenshab Rinpoche）[43]，為何獲得男性身體這麼重要？卡琳法師真令人讚歎，她是柯槃寺的支柱，一直住在柯槃寺，不曾去其他地方，也不需要任何東西[44]。提問及回答是由揚希仁波切的姊妹[45]——策拉（Tsela）法師翻譯，她曾幫忙成立柯槃寺的康卓達吉林尼僧苑[46]，數十年來貢獻卓越，她是西藏人。即便如此，我感覺到她當時對克帝參夏仁波切的回答感到有點不自在。仁波切並沒有直接回答問題，反問為何世上男性領袖人數遠遠多過女性。

身為男性此種功德，跟克服外在世界的障礙有關，儘管我想這種功德也跟哪一種身體會遭遇最多的困難有關。即便當今更多國家的領袖為女性，但人數仍遠少於男性領袖，但是這一點並不影響女性的功德。

有經典提到：要看個人想要以什麼性別——男性或女性，來饒益有情。不管哪種性別，具有相同的潛力，男性跟女都能以相同的方式成佛，如果男性不學佛修行的話，終將一事無成，女性亦然。過去曾有無數男性瑜伽士已經獲得佛果了，一樣有無數的女性瑜伽士也獲得佛果了。以女性身體成

43 克帝參夏仁波切（1926-2006）：備受敬重的高證量苦行瑜伽士，曾住於印度達蘭薩拉，亦為喇嘛梭巴仁波切的一位上師。仁波切是密續時輪金剛其中一位偉大傳承持有者。

44 卡琳・費倫法師（Ven. Karin Valham），瑞士籍尼僧，一九七四年首次參加柯槃四第七屆一個月禪修課程，並在一九七六年剃度出家，從一九八七年起在柯槃寺擔任弘法師長。

45 揚希仁波切（1968-），南印色拉傑寺拉然巴格西，二〇〇六年初開始，擔任在美國奧瑞岡州，波特蘭的梅紀巴學院（Maitripa College）院長兼教師。仁波切有一姊妹，策拉法師，在大吉嶺一間學校學英文，精熟英文，翻譯功力廣為人知且深受歡迎。

46 康卓達吉林尼僧苑（Khachoe Ghakyil Ling），位於柯槃寺旁，一九八〇年成立，目前是尼泊爾最大一間尼僧苑，尼僧人數四百位以上。

佛的人，度母（Tara）或許是最著名的典範，為何還要把得男身算成優點呢？

有很多人每日修度母或金剛瑜伽母法門，獲得不可思議的利益。也有瑪吉拉尊（Machig Labdrön）[47]，她在西藏廣弘施身法（Chöd），這是快速能證得空性的道路。英雄菩提心的修持，藉由布施自己的身體來修自他相換。修施身法的地點常在恐怖之處，像是天葬場，修行者將自己的血肉、骨頭轉化成甘露，供養給三寶及六道有情，特別是鬼魅（spirits）眾生。

因此，已有許多女性修行人證悟成佛，端賴自身動機，如果我們知道以女身會比男身更能饒益有情，就能確定自己會得到該性別身體，反之亦然。

英國籍比丘尼——滇津芭摩法師，她的故事相當鼓舞人心。正如我們聽過，在法國及西班牙的基督徒住在與世隔絕的地方，或者偉大的西藏瑜伽女，滇津芭摩法師住在相當偏僻的地方長達十二年，將生命奉獻在修持上，遭遇過很多困難，我們就需要像這類激勵人心的真實故事[48]。

為了讓修行有成，我們最需要修的是持續不斷的出離心，例如滇津芭摩法師的例子就非常令人讚許。還有像在印度及尼泊爾的瑜伽士，他們早在百千年前成就佛果；直到現在，他們住過的地方也激勵了其他人認真修行。滇津芭摩法師就是活生生的例子，她的事蹟深深鼓舞西方人。

最後一種異熟功德——身心強健。有人翻譯成「身壯力大」。我們生病時，沒辦法正常活動，思緒不清，沒心思想到別人。此功德另外的意思是身心健康又具韌性，能夠面對學佛修行過程伴隨而來的各種困難。

47 瑪吉拉尊（1055-1149），名字的字面意思是「獨母明燈」，殊勝偉大的密續修行者及師長，立下好幾個施身法的修持法門。

48 關於滇津芭摩法師的故事，請參閱《雪洞》一書。

密勒日巴（Milarepa）就是完美的典範，他的心力不可思議的強大，猶如鋼鐵般的決心，沒有任何事能阻止他每分每秒修持佛法。以此決心，他忍受了飢餓及寒凍，住處環境差到我們無法想像；就算他瘦骨如柴，由於受凍以及只吃蕁麻，皮膚變成藍綠色，已經練就了令人驚歎的韌性，能夠抵抗任何情況。他對佛法極為虔誠，斷除一切舒適及世間八法（eight worldly dharmas）的念頭。

除了以上八種異熟功德之外，還有一種增上身，包括四大乘法輪（four Mahayana Dharma wheels）：依止聖者、住在無害環境、親友護持、累積資糧及發願。

我們需要大乘善知識來引導我們，需要親友護持，需要順緣具足的環境。不光在止修閉關的教導提到，必須住於不會受到傷害或生病的地方，另外在我們的住處——地點、家人等等——能和睦融洽，護持我們的修行。

累積資糧及發願很容易理解，無需贅言，當然我們都需要累積資糧及發願。

（二）具隨心所欲的潛力

以此暇滿人身，我們具備了隨心所欲的潛力。要是每一天的動機是想成為長壽天天人，之後就能投生為長壽天天人，可以成為欲界天的天人，享受無法置信的欲樂；或者是生為色界、無色界天人，多劫處於禪定。想要成為天界統領，我們也做得到。這暇滿人身就像是通行證，想去哪裡都通行無礙。

就算是在這輩子，我們想要的、需要的東西，很自然就有，很容易就得到，有些人卻要辛勤努力換得今生舒適，但我們似乎不需怎麼努力，順道就有，不論是衣服、食物或其他等等。我們需要的或想要的都如願以償，不管在何種領域都順利成功，沒遇到什麼障礙。我們能擁有財富、名聲，又能創作偉大的藝術，把藝術才華運用在任何事情上，例如製作莊嚴佛像。

有人努力再努力，卻鮮少成功。我們擁有的一切則很容易得到，而且我們能隨自己意思做任何事情，當然也能揮霍浪費，如果自己想這麼做的話；也能運用財富、名聲、才華、其他世間利益，來增長自己的愛心、慈悲心、智慧，真正饒益他人。

要是我們想生為轉輪聖王（chakravartin）[49]，可對聖物頂禮。頂禮時，身體覆蓋住的每個微塵，其數量數十億以上，我們就造下等同一千世投生為轉輪聖王的資糧。光是投生轉輪聖王一次，就需要不可思議的資糧，我們朝著聖物頂禮時，想像一下，要投生為轉輪聖王一千次，需要多少的資糧才辦得到。

沒浪費此暇滿人身，內心會隨時輕鬆快樂，我們擁有完美的條件，若做最好的利用，臨終時會快樂、平靜，這一點非常重要。將死之際，不管那時我們在吃東西、走路、開派對、執行一項計畫，不管做什麼事，一點也不會難過，也不會懊悔未竟之事或還沒來得及體驗的事。我們在來世，還是能繼續未完成的修行。再者，就算還沒在佛道獲得甚深證量，我們有信心將來會再獲得一次次的暇滿人身，來世還有時間證悟道次第。

此生守戒及布施，容易成辦一切暫時目標，而至關要緊的暫時目標——再得到暇滿人身，要是

49 轉輪聖王以慈愛及道德，如法統理噓彌四大洲。

加以祈願，也將水到渠成，給自己繼續修行的機會，以及在佛道上增長進步。此外，學佛修行的順緣——八暇十圓滿，支持性的環境、慈愛親友，學習佛法機會等等順緣，會準備好等著我們。

另一方面，要是現在不好好持戒、布施，就算下輩子為人，卻不會再擁有這些順緣。可能過得舒舒服服，卻跟家人處不來；也可能接觸佛法，卻因為過於貧窮，每天除了拚命工作求溫飽之外，沒有機會學習佛法，怎麼樣都缺少某些順緣。

（三）投生淨土

有了暇滿人身，便能修頗瓦法，到了臨終，將心識遷到淨土。如果此生無法證悟成佛，投生淨土是圓滿佛道的快速方式。

投生淨土的主因，以此暇滿人身，除了持戒跟布施之外，還要強烈地將自己做的各種善行致力迴向往生淨土。

眾多因具備後，在金剛乘有許多特別的善巧方式來幫助我們往生淨土。不過，根本在於盡己所能放下貪、懺淨惡業，以此投生淨土。臨終時要完全放下世間各種貪著，像是家產、家人、朋友、身體，任何貪著只會保證我們再生於輪迴。

有則公案提到，修行證量高的西藏上師——隆多仁波切（Longdol Rinpoche），他一心想投生時輪金剛的香巴拉淨土，傾力斷貪，住於偏僻之處，靠別人帶來一袋袋的糌粑為食。仁波切其中一項修行就是，從不想隔天是否有得吃，這麼修，仁波切甚至不會對於他賴以為食的糌粑起了貪心。

有一天，他請示第六世班禪喇嘛（Palden Lama）——班丹益西（Palden Yeshe）[50]，自己是否能如願投生為香巴拉淨土的國王？班禪喇嘛觀察後，回覆隆多仁波切：「老和尚真貪心，你將如願以償[51]。」

經由特殊的遷識方法，投生到淨土不需要依靠父母，是在蓮花出生的「化生」。淨土有情的身體不像我們的粗糙血肉之軀，而是光芒形成的精神身體；淨土無苦，沒有生苦、病苦、老苦，不會衰老、長皺紋等等。淨土環境不可思議美妙，放眼望去，盡是令人驚歎不已的美景，還有殊妙的滿願樹，地上開滿燦爛花朵。淨土一切高貴又美麗。

淨土有許多動物，其實都是菩薩為了要引導我們而化現，我們會不斷聽到法音，鳥鳴聲、風吹拂樹的聲音，無不是法音。

不管我們想要什麼，淨土都有。在淨土感覺到的享樂，比人世間能體會到最樂的經驗，還要好上百千萬倍。淨土的飲食方面，吃得相當精緻，飲的是甘露，甚至有很多是我們想像不到的享受。但我們不會對這些享受起貪心，在淨土的享受，並不會變成內心不調伏的條件；但天界的不可思議享樂，只會增加天神對享樂的貪心，在淨土的享受則完全不會使貪心變強。

有不同的淨土，像是阿彌陀佛（Amitabha）、觀世音菩薩、度母、勝樂金剛及其他本尊都有淨土，透過猛力發願及強烈動機，選擇投生何種淨土。投生到淨土的最大利益是：能親自與佛交談、

50 達賴喇嘛及班禪喇嘛是西藏最高精神領袖，班禪喇嘛傳承被視為阿彌陀佛化身，班丹益西（1738-1780）是第六世班禪喇嘛。一九九五年，達賴喇嘛認證的第十一世班禪喇嘛年六歲失蹤，一般臆測被中國當局綁架。

51 毫無疑問，貪心在這句話是正面的意思。

聽受佛宣說的法。在上輩子沒辦法圓滿修持的金剛乘道路，此世在淨土就能圓滿修持，獲得佛果。

◆究竟利益

暇滿人身實在很有用處，我們因而得到機會，不只能達成暫時目標，更重要的是達成究竟解脫及成佛目標。

暇滿人身的三種殊勝目標當中，最殊勝的意義是：有機會獲得圓滿佛果。我們已知，能得八暇十圓滿多麼地希罕難得，八暇十圓滿當中最希罕的是：值遇圓滿具格大乘善知識。善知識不是告訴我們成佛道路的一部分，而是無誤地告訴我們完整成佛之道。只有在自己決定為了饒益有情，自己必須證悟成佛的那一刻，才算真正善用潛力十足的暇滿人身。

整個佛法就在我們的指尖，也有清淨的引導，指引我們道路；我們已擁有圓滿的條件，能超越此有限的生命，以及斷除內心一切障礙，無私想要幫助一切有情的心愈來愈強。的確有可能做到，道路就在我們眼前：皈依三寶、出離心、大悲心、菩提心，以及證悟實相的本質。從我們這一方要做的就是：下定決心踏上這條路。以菩提心為動機，運用從金剛乘學到的方法，很快地就能走完這條路，無須像波羅蜜多乘的道路，得歷經多劫才能成佛。

（一）證得涅槃，成阿羅漢

要在此暇滿人身獲得別解脫的涅槃（梵音 Pratimoksha），是有可能的。「波羅提」（Prati）是「個別」之意，木叉（moksha）是「自由」或「解脫」之意，這告訴我們，自己就是解脫的因，不是其他人。一旦證得解脫，便成為阿羅漢，意思是「殺敵者」，已摧毀煩惱敵，永不輪迴。

無始以來，我們一直受苦於輪迴之身，過去無數生及今生，都遇到了大大小小的問題、痛苦、不幸，這些問題還會一直出現，直到我們兩腿一伸。今生跟過去生的關鍵差別在於：今生是我們第一次得到能斷除一切痛苦的機會，不管是多麼微小的痛苦，都有機會永遠斷除。

沒有受苦的心，就不會有受苦的身。但心具有的根器及功德，給予我們能力，能斬斷使自己困於輪迴的種種煩惱，這就是為何，我們有這樣的心，就像是飛機本該飛翔天際，不是降落在茂密叢林。煩惱不讓我們獲得圓滿快樂，阻止我們增長善的功德臻至完美，這輩子的目標在於摧毀煩惱。我們就像是機長，一切取決自己手上。

我們具備證得戒定慧三增上學（three higher trainings）的潛力。究竟上能讓我們得以解脫的空性慧，要依於止住修，也就是圓滿禪定。但要是沒有圓滿持戒，我們的心仍充滿迷惑，在這狀態下，不可能證得圓滿禪定。因此，三增上學是別解脫不可缺少的修行。

證得別解脫的話，除了微細的所知障[52]之外，其他煩惱已被摧毀，讓我們徹底解脫輪迴。這令

52 二障（梵音 dvi-avarana，藏音 drib-nyi），阻礙解脫輪迴及證悟成佛的障礙，粗的障礙稱為煩惱障，細的障礙稱為所知障，所知障指煩惱障被斷除後所留下的習氣。

人難以置信，自己能證得涅槃，本身就是很好的動機，而且能證得解脫，真是相當令人難以置信。

不過這依舊不是生命的究竟目標。

（二）成為菩薩

此暇滿人身的究竟潛能，超越了非凡的個人解脫，只有當動機是為了獲得圓滿佛果，才能說自己臻至善用每分每秒。成佛的關鍵在於菩提心，要是我們發起菩提心，會成為一切有情暫時及究竟的快樂來源，就像佛陀。我們有此暇滿人身，得到了最好的生命，以此身能生起慈愛心、大悲心、菩提心。

月官論師在《弟子書》提到：

只有以此人身，方能獲得最有力量的菩提心。這是善逝帶領一切有情朝向自由的道路，天人、龍族（naga）、阿修羅、大鵬金翅鳥（Garuda）、聰明鬼、醜陋鬼或蛇族，都到達不了這條路。[53]

由於我們活在苦樂交雜的南贍部洲，能輕易地生起此究竟的善心，以此善心帶給自己及他人一切暫時跟究竟成就。我們能瞭解痛苦本質，卻不被痛苦占據，便可能脫離輪迴。另外，看到有情束

53 引自梭巴格西著作 "Steps on the Path to Enlightenment" 第一冊。

縛於痛苦輪轉，對有情生起悲心，增長悲心直至大悲心及究竟菩提心，這些是其他部洲有情辦不到的。

菩提心是大乘佛法的心要，要成為菩薩，就要修菩提心的精髓，這就是禪修的全然目標。懷著善心，我們能愈來愈靠近此不可思議的心；一旦獲證菩提心，就能修六度（perfection）——布施、持戒、安忍、隨喜、精進、禪定、智慧。

即便不可能在這一輩子做到，藉由懷著菩提心，精進禪修道次第，能保證在未來的生生世世，我們會成為偉大的菩薩，然後證悟成佛，這一切都靠我們在此暇滿人身修行佛法的力量而定。

（三）此世或未來幾世能成佛

身為大乘佛教修行者，只要我們持續懺淨心續的惡習氣，斷惡行善，只要動機是為了一切有情而想成佛，不可能達不到究竟目標。

達到目標要花多長時間，端賴決心有多堅定，以及運用何乘。走上菩薩道卻沒有依於甚深金剛乘法門，就會花非常久的時間，長達三大無數長劫（三大阿僧祇劫）。之所以稱為無數，因為時間實在久遠到超越凡夫的理解，但對於一切遍知心並不是無數的，一切遍知心數得出來。

根據佛經，成佛之道分為五道（five paths）：資糧道、加行道、見道、修道、無學道（圓滿成佛）。我們走的這條佛道也有菩薩十地（bhumi）。一旦進入大乘道路那一剎那，就是進入資糧道，接著要花一大阿僧祇劫時間獲得見道，再花一大阿僧祇劫時間證到第八地，等於是五種道的修道，從第四道修道到成佛，還需要一大阿僧祇劫時間。

當然，這都要靠個人修行，依淨化惡業、累積資糧的強弱程度而定。據說強烈依止上師的殊勝修行人，能在二大阿僧祇劫或者更短時間走完佛道。偉大的常啼菩薩，由於他圓滿地依止上師[54]，只花七年就累積等同於一大阿僧祇劫時間修行的資糧。

不過，對於能感同身受每位有情所受痛苦的菩薩來說，菩薩無法忍受要等這麼久的時間。如此長時間無法有效饒益一切如母有情，因此佛陀傳授了金剛乘教法，讓具有深切大悲心的菩薩，能在七世甚至兩世的短時間成佛。如果各種順緣具足，甚至能在五濁惡世[55]，如此短暫的此生成佛。有經論甚至提到過，修行者能在三年成佛，端賴修行者本身立下承諾的力量強弱，以及修行證量深淺而定。

如果證量很高的修行者無法在此世成佛，也有可能在中陰時期，運用金剛乘及波羅蜜多乘的各種順緣在中陰成佛。所以，即便成佛看似遙遙無期，如果我們強烈依止上師，清淨地修持金剛乘法門，仍可以藉由好幾種方式，很快達成佛果。

有些偉大瑜伽士在一生獲得佛果，證得虹光身，只留下指甲、頭髮，像這種公案很多。想到這是有可能做到的事，就讓人鼓舞振奮，這類公案也反應出，這些修行人付出極多且決心堅定。為了

---

54 薩陀波倫（Sadaprarudita）菩薩亦稱常啼菩薩，是由於他對一切受苦有情的大悲心，關於常啼菩薩故事，參閱《般若八千頌》（The Perfect of Wisdom in Eight Thousand Lines）。

55 參閱本書第五章。

要清淨修行，他們面對許多困難及危難，溫薩巴（Ensapa）[56]或密勒日巴這般瑜伽士就是如此，對於想認真走上金剛乘道路的人來說，是很大的鼓舞。

他們看起來就像你我這樣的凡夫，相貌可能還比我們醜。有人去拜見密勒日巴，是因為他的名聲如雷貫耳，這些人希望能看到密勒日巴長得像天使模樣，但他們見到的人，卻是全身皮包骨、毛茸茸、髒兮兮的乞丐。密勒日巴只吃蕁麻，導致皮膚變藍，這不過只是多年持續禪修，無視身體享受的外表，其內心世界大為不同，密勒日巴內心已圓滿調伏，具有圓滿菩提心及清淨證量。

看到這些偉大的瑜伽士一開始跟我們現在一樣，我們就能明白，其實現在自己什麼都有了，幫助這些瑜伽士證得佛果的佛法，至今仍跟他們在世時同樣清淨，現在仍有偉大的修行者正在修證佛法。這不是什麼古代神話故事，在這個時代仍存在著。

不過，我們在讀到密勒日巴傳記時，會看到尊者過得並不輕鬆。如果我們想要修得像這些瑜伽士，能在短時間達成甚深成果，就必須承受許多艱難，要清淨持守每條戒，在依止上師方面，要一直具有令人難以置信的堅定。

祕訣就在金剛乘，或稱密續。從圓滿具格金剛上師座下接受本尊灌頂（initiation），就能夠實修此甚深法門，在佛道上結合方便及智慧，以如此方式，能讓證量來得容易又快速。

金剛乘教法及法門還在世上，圓滿具格上師也仍在世，我們也身在能接受灌頂的地方。灌頂能使內心變成熟，得到修持金剛乘的允許，就像水澆灌於地，地上種子受灌溉而發芽茁壯。金剛乘的

56 嘉瓦・溫薩巴（Gyalwa Ensapa, 1505-1566），短短數年即成就佛果，圓寂後被追認為第三世班禪喇嘛，亦是克珠桑傑耶喜（Khedrup Sangye Yeshe）的一位上師，生平故事參閱"Enlightened Beings"一書。

力量，在於能夠淨化我們不淨的身心，並且使我們的微細心及微細身能準備好，以轉成佛的智慧身及色身[57]。

意思並不是說金剛乘易修，或者可以在缺少合適的基礎下就貿然去修。要修金剛乘，一定要具備以下基礎：堅定的皈依、嚴謹的持戒、強大的菩提心、甚深禪修、對空性具有堅定的瞭解。要是以上基礎缺一，修金剛乘不會有成果，還可能比不修更差，因為金剛乘是如此具有力量的修持，修金剛乘還可能增加我們的煩惱，加重我執，讓我們傷害自己跟他人。不具備穩固基礎下就修金剛乘，是極度危險的。

我們擁有八暇十圓滿的暇滿人身，特別是我們擁有這個珍貴人身，是修持密續必備的先決條件。天人的身體雖殊勝，遠比世上最美的人還更為俊美漂亮，但不只是在天界沒有金剛乘教法，天人的身體也不適合修密續，因為天人的身體不是來自父母，不像人類身體有紅菩提及白菩提。就算是其他部洲[58]的人類，雖然身體來自父母，但卻有障礙，無法修大乘教法，尤其是金剛乘教法。另外，其他部洲的人類難以生起出離心，繼而生起菩提心。

在金剛乘的修持，行者會將脈（nadis）的風移到中脈，將風融入到中脈的脈輪（chakras），在死時自然而然會發生，行者要是能在禪修時做到這一點，就能體會所謂的「明光」。結合明光跟幻身，就是在密續修本尊的要點，能實證佛的二身而獲證佛果。

只有具備這些生理特徵的身體才辦得到，由父親的精子及母親的卵子結合而受精，並從子宮出

57 分別為法身（dharmakaya）及色身（rupakaya）。
58 參閱本書第六章。

生才行。胚胎有三個物質來自母親，包括皮、血、肉，另外三個物質來自父親，包括精、骨、髓。這些是細微明點的基礎，細微明點則對於密續的圓滿次第極為重要，此是在今生證悟成佛的唯一道路。

當然，要是沒有金剛乘教法，這樣的身體也無用武之地。幸好金剛乘教法跟修持，至今勉強仍在世間，而且南贍部洲才有；尤其是現在這時期，有了這具備六種物質的身體，以及八暇十圓滿的暇滿人身，我們可以實證密續的生起次第及圓滿次第，就在此世證悟成佛。

◆每一剎那都能具有利益

此暇滿人身的每分每秒都相當有益，我們能在每一剎那造下廣大資糧，修廣大淨罪，能在每一刻造下解脫輪迴及證悟成佛的因。

懷著菩提心點香，就是在實現無法置信的潛力，因為在那時刻，我們做的正是為了成佛而需要做的事。香點著的時候，我們就實現自己的潛力；香燒盡了，我們也在實現自己的潛力。懷著菩提心所做的每件事，幫助我們實現自己究竟的潛力——成佛。懷著菩提心布施螞蟻食物屑所形成的資糧，要是化為具體，會布滿整個虛空；之所以能做得到，就是由此暇滿人身而來。

當然，禪修菩提心或空性，修供養、研讀佛法，甚至是俗事，也會造下難以置信的資糧；每天以菩提心做的任何事，如此過的每一小時，甚至每分每秒都不會虛擲浪費。

在短短一秒鐘，我們能做到地獄道有情辦不到的事，甚至在地獄多劫漫長時間都辦不到。即便餓鬼有可能累積資糧，餓鬼經過多劫時間累積的資糧數量，仍少過我們懷著菩提心以一秒鐘燃香上供的資糧。對畜生來說，不論壽命長短，要累積資糧極為困難。另外，就如我們所知，天界的天人過於沉溺欲樂而累積不了資糧。

其他人或許也有像我們這樣的有暇跟聰明，但他們缺少另外的條件，尤其缺少能讓他們看到佛法價值的瞭解及決心，因此他們陷於不善行。另一方面，我們瞭解重要法類、受菩提心啟發、虔信佛法，極為敬重世上的聖者，所以對我們來說，行善跟呼吸一樣容易。

日常生活懷著菩提心為動機做每件事得到的資糧，跟供養等同恆河細沙數量、充滿宇宙的珍寶給無量諸佛所得到的資糧相比，前者資糧更多。懷著菩提心一秒鐘，遠比多劫時間懷著其他善心還更珍貴，我們能一秒接著一秒生起菩提心，懷有菩提心的每一秒鐘會淨化多劫惡業。

不在於行為是大或小，而是行為背後的發心。以多劫時間布施宇宙無價珍寶給無量有情，跟懷著菩提心布施一粒米給小昆蟲相比，前者遠遠比不上後者。不管供養物有多珍貴，不論數量多少，無論供養多長時間，即便我們供養給數十億尊佛，而懷著菩提心做的任何微不足道行為，所累積的資糧，還比供養數十億尊佛更多。

此暇滿人身給予我們無法置信的機會，能在很短時間，也無須依賴東西數量，幾乎不費吹灰之力就能做出富有意義的事。像是懷著菩提心供養一碗水、幾顆米粒、一朵花這些微小東西，就能累積虛空般的資糧。

真正能懷有菩提心，目前看起來像是願望，不過我們的確能實現此願。現在我們被過去成熟惡業習氣障蔽，惡業習氣讓內心變得黯淡無光，就像是雲朵遮擋太陽；但有了菩提心，便能淨化最重惡業，菩提心就是有這麼強的力量。

因此，我們應該每天從一起床，發起強大的菩提心作為動機，一整天持續發菩提心。就算是啜飲一小口茶，也要懷著菩提心喝下去；以菩提心吃每一小口菜，以菩提心說每一句話。這麼去修，就能每天、每小時、每分每秒，把我們不可思議的潛能淋漓盡致發揮出來。昆努仁波切（Khunu Lama Rinpoche）[59]在《寶燈：菩提心讚》（The Jewel Lamp: A Praise of Bodhicitta）提到：

走著時，心懷菩提心
坐著時，心懷菩提心
站著時，心懷菩提心
睡著時，心懷菩提心
看著時，心懷菩提心
吃著時，心懷菩提心
說話時，心懷菩提心
思考時，心懷菩提心[60]

因此，做任何事都要懷菩提心，每一刻，我們都能有所選擇。選擇充滿俗慮的凡庸心做每件事，結果只會繼續困在輪迴；或者可以選擇懷著菩提心做每件事。我們在每秒都在選擇無意義或有

59 昆努仁波切（Khunu Lama Tenzin Gyaltsen, 1894-1977）：名聞遐邇的一位菩薩、精通梵文的學者，亦為喇嘛梭巴仁波切的一位上師。
60 第三三八及三三九偈頌。

意義，選擇痛苦或快樂，選擇輪迴或解脫成佛，這就是讓此暇滿人身每一刻有意義的關鍵。

五 獲得暇滿人身的因素極難成辦

◆此生珍貴，成辦的因難以獲得

為什麼此暇滿人身如此珍貴呢？為什麼只有少數有情有暇滿人身？因為獲得暇滿人身的因非常難得到。沒有造下因，不可能有果，這是最基本的業果之理。我們之前已經造下了此暇滿人身的因，因此現在擁有暇滿人身。獲得暇滿人身的因，不可思議地困難，有了這份瞭解，會讓我們感謝自己在過去世付出的努力，並下定決心不會浪費此暇滿人身。

得暇滿人身的因包括：持戒、布施、發來世獲得暇滿人身是為了利益有情的無垢祈願。我們在過去世不只是持戒而已，還是清淨持各種戒；另外，我們在過去世也不可思議廣修布施；再者，我們在過去世很清楚以暇滿人身能在佛道上獲得最好的進步，所以發了多次祈願，希望能得暇滿人身。要做到這些，必須心力極為強大，決心過人。我們在過去毋庸置疑造下了正確的因跟緣，因為我們現在正擁有著暇滿人身此果報。

業果不容易瞭解，因此要看見，我們現在的安樂狀態跟過去所做的布施或持戒這兩者之間的關連性，這大概超出我們的能力，不過有一點很重要的是：要研讀業果之理，就能逐漸看到業果之理的甚深及確定。能擁有目前情況，我們必定在過去造下了能得到此果的因，業果不虛，正如有毒植物的種子，長出的植物也一定有毒，不會長出藥性植物；反之亦然，果必然跟因是相順的，播下有毒性的種子，卻期待長出具藥性的作物，未免太過荒謬。

這一輩子是我們在過去多世累積不可思議資糧而得到的結果，種善因得善果。所以，如果我們想在來世再得像今生暇滿人身，現在就必須要造下同類的因。不能光是這輩子是暇滿人身，在沒繼續造任何的因之下，希冀來世能再得暇滿人身。

真的有必要好好檢視一番，看看我們是否有為了來世再得暇滿人身而持續造下因。或許我們懂一點業果，每天早上還會花些時間禪修，很容易就認為自己有發願，而且也有做些善事，根本用不著擔心。事實上，我們甚至還曾認為自己是好人而自我感覺良好，我們需要深入去看，自己到底每一天做的每件事情，究竟是把自己推向更好的來世，或者更為悲慘的來世。

除非修行到極高程度，在這之前所造的善業，好比站在陡坡上要把巨石往上推，只要稍微滑一下，巨石馬上滾回原點，前功盡棄。現在不能喊累，想想，要是讓巨石往下滑落，自己的心情會多麼低落沮喪，一切就白費了，又得再從頭開始。現在有這暇滿人身，可不能讓這件事發生。

要擁有暇滿人身，必須齊備三種條件：持戒、布施、祈願得暇滿人身。缺少布施，但持戒做得很好，可能再得人身，卻非暇滿人身，必須要兩者齊備才行。佛陀曾說過：

「少了一條腿走不了路，同樣地，少了持戒無法證得解脫。」

只持戒還不夠，只有持戒的結果可能會讓我們投生為人，卻一貧如洗，除了生存下去，沒時間想其他事情；少了持戒去修布施，甚至不能保證會投生善趣，布施的果報是富有，但除了人之外，也有其他富裕的有情。如果我們在過去某輩子有持戒，但是持戒有過失，例如已經受戒，之後卻破戒了，不過布施倒是修得很好，可能會來世生為龍族。龍族為數眾多，牠們長相如蛇，居住於多處，包括海底，有可能相當富有，但龍族仍是三惡道有情，依舊要忍受極大痛苦。因此，持戒跟布施雙管齊下非常重要。

不持戒造成難以得暇滿人身

依照佛教宇宙觀，目前我們身處濁世，之後談到世界演化時也會提到五濁惡世。在此先簡述五濁的最後兩個濁，也就是「見濁」及「眾生濁」，意思指：世界體系演變到一種階段，有情知見退墮，而且極少人能明白萬事萬物存在的究竟本質；正因如此，有情造的惡業愈來愈多，煩惱愈來愈粗重，這即為眾生濁的意思。

我們的煩惱極為粗重，完全受煩惱壓制，現在很難找到自我本位不強、不受愛我執鎖鍊綑綁的人。看看周遭的人，會發現，大部分人活著，只為今生以及今生能帶來的享受。

就在周遭世界變得愈粗重，愈走向唯物主義，我們愈難以置身於社會影響之外，因此也愈難持戒。看起來社會縱容貪心、嫉妒、只顧自己而不惜犧牲別人為代價。再看看周遭又是如何：我們看的電視節目、讀的書籍，甚至政府如何治理國家。

我們真的要誠實面對自己，看看自己做事情是否符合道德。我們每天做很多事，大部分都是瑣碎不甚要緊，有些則否，在這些事情當中，哪些真正符合道德行為呢？有多少事情著實具有意義呢？這些問題的答案將會告訴自己，是否具有智慧善用此暇滿人身，造下再得暇滿人身的因。

佛陀給了以下指引，具體教誡我們，切勿做出會傷害有情、造下未來苦因的十惡業，包括：

1 殺生
2 偷盜
3 邪淫
4 妄語
5 惡口
6 兩舌
7 綺語
8 貪欲
9 瞋恚
10 邪見

好好檢查一下：你有做過比樹上的鳥兒更符合道德的事嗎？你有做過比附近貓兒或其他動物吃、喝、睡、走等等之外還更有價值的事嗎？你很努力工作沒錯，但檢查一下日常做的事情，每天吃、喝、睡、工作、走路等等行為，當中有任何一次並沒有貪求享受，有別於你周圍的飛禽走獸做的行為嗎？你真正檢查後，可能會發現誠實無欺回答「有」之前，要做的修行還有很多。這是你必須要做的誠實檢查，看自己是否浪費暇滿人身。

妄語、偷盜、邪淫、兩舌、綺語、惡口，這些行為或大或小，是不是你日常生活的一部分呢？那像不善心，例如貪欲、嗔恚、邪見呢？你有沒有曾經表現出似乎沒有前後世，或不需要皈依佛法僧呢？

只要有一天能對自己的行為舉止維持正念，持守戒律，就值得大為隨喜。不過我想你會發現到，一般來說，說謊、綺語、毀謗、起嗔恚心等等，比起與其相反的行為，更容易做得出來。追隨不善行的話，保證將來會受最可怕的痛苦。即便我們從邏輯能懂這些道理，卻相當難以行善，要是實際看到不持戒的結果的話，你就連一刻都不會懈怠。除了持戒外，其他事情都不重要，你唯一想到的事情只會是清淨行善。

戒律的精要在於守戒，這就是為何在佛教能受不同層次的戒，像是別解脫戒、菩薩戒（bodhisattva vows）及密續戒（tantric vows）。即便我們從善知識座下受戒，那時內心非常堅定絕不失壞戒，但要真正做到持守戒律極為困難，會遇到許多障礙，出現各種阻礙。我們受到內心反應出的厚重煩惱控制，發現自己無法持守誓言，這表示在濁世持戒有多麼難，因此得暇滿人身多麼稀有難得。

從在家居士五戒（five lay vows）到菩薩戒，再到密續戒，上層戒比下層戒更加微細。如果說得到暇滿人身有賴於持戒清淨的話，不只要持守居士五戒，也要持守菩薩戒及密續戒；要是失壞了更高層次的戒，然後說自己持戒清淨的話，顯然是錯誤的想法。所以，瞭解持守密續戒有多難，就能瞭解獲得暇滿人身有多難。

在持守戒律上，能持愈多條戒愈好，持戒時間愈久愈好，持戒程度愈清淨愈好，在戒律有失壞時，愈快發現並懺悔淨除愈好。

在你的國家，全體國民有多少人清淨持守菩薩戒跟密續戒呢？有多少人清淨地持守比丘戒或比丘尼戒，甚至沙彌、沙彌尼戒呢？有多少人清淨持守居士五戒呢？持守五條居士五戒的人數少於持守四條居士五戒，持守四條居士五戒人數少於持守三條居士五戒，持守三條戒的人數更少於持守兩條戒，持守兩條戒的人數更少於持守一條戒的人數。守三十六條沙彌戒的人遠少於守一條戒的人數，而守比丘戒的人數還更少。當然，比起別解脫戒，更少人守菩薩戒；在所有持戒的人當中，守密續戒的人是最少的。

所以，要是我們看看當今世上所有人，問問多少人如法持守不殺生戒，會發現很少人會投生善趣；而且對於已受戒的人，他們有認真看待守戒嗎？他們是否記得自己受過哪些戒呢？

從描述阿底峽尊者的公案當中，會看到尊者隨身帶著一座小佛塔（stupa），他常說自己能圓滿持守別解脫戒，極少違犯菩薩戒，但違犯密續戒如同下雨般（我不認為尊者是如此，不過他常這麼說）。他一發現自己違犯了戒，會立即跳下馬，或停止手邊的事，馬上對佛塔頂禮，修四力對治法。尊者就是這麼嚴謹持戒，我們也應當效法，嚴肅看待受過的戒，這也是為了確保來世能得暇滿人身，我們必須如此持戒。

就算在一九五九年之前，當時西藏有許多比丘、比丘尼、沙彌、沙彌尼受出家戒，還是有很多人沒有住於戒律。所以，看看世界所有人，持守任何一種戒的人數，比起沒有持守任何戒的人數相較，前者極少數，後者是絕大多數。

為什麼當今世界這麼少出家人呢？為什麼這麼少人注意到業果，能住於清淨戒律呢？原因在於非常難做到。就算是想要過著戒律生活，還是有很多內外阻力。

不布施造成難以得暇滿人身

要造下暇滿人身另一主因——布施，也會遇到許多障礙。就算我們有意布施，但總有辦不到的理由，或者有人從中阻撓布施。

布施是指想要給予的意願，而不是實際做出給予的行為。所以要再獲得另一次暇滿人身不需家財萬貫，只需要有樂善好施的心。再者，布施錢財物品，不是指有情要從我們這邊得到物質幫助，如果是這樣，除非這世上沒有任何貧窮的有情，不然我們沒辦法圓滿布施的修持。

由於布施度是獲得佛果的必要修持，意思不就沒有佛了？不是的，我們需要的是內心樂善好施，圓滿地修布施，意思是徹底斷除我們對於所緣對象的貪，例如貪財物、身體、資糧等等。假如我們什麼都沒有，一貧如洗，仍可以達到圓滿的布施，布施是指內心的狀態。

有則聞名的公案，一位小男孩跟朋友玩耍時，看見釋迦牟尼佛朝他們走來，小男孩想供養佛，但手上只有沙子，由於佛很高，於是小男孩像馬戲團表演般地站在朋友肩上，小男孩把沙子放進佛的缽裡，觀想供養金沙給佛。小男孩做此供養的果報是，生為偉大的轉輪聖王——在印度各地蓋了百萬座佛塔的阿育王（Ashoka）。即便小男孩不是供養真金，只是一把沙，他得到的是供養真金的果報。

布施分三種：財施、無畏施、法施。無畏施包括拯救生命，伸出援手幫助命在旦夕的有情。例如把即將被蜘蛛吃掉的蒼蠅，從蜘蛛網中救出來，救蒼蠅一命，這屬於無畏施。（在這例子，救了蒼蠅，也能讓蜘蛛不殺生。當然，這沒有解決蜘蛛的飢餓問題，或者也無法避免蜘蛛再殺生，但某善行縱然不能解決一切問題，並不表示此善行不值得做。）法布施則是最上布施，因為受施者不只當下得到寬慰，也獲得直至成佛的理解。

通常我們很執著屬於自己的財物，認為它們是「我的」，就算布施出去，很少能做到清淨布施。供養是布施的一部分，我們做供養時，不善念頭很容易染污供養，像是世間八法惡念，例如想得到舒適、名聲等等念頭染污了供養這項法行，要不是想得到名聲或讚譽的話，就是希望得到回饋。

只要心中有貪，會發現很難學佛修行，而且在增長來世得暇滿人身的因方面，也會遇到許多阻礙。這裡談到的布施程度，還不是菩薩修的布施度，但起碼內心處在非常純淨的狀態，也是不可思議地難以證得。有人像我們一樣成天都有物質受用，居然對東西不起貪，還能在絲毫沒有貪心下，自在地把東西送給需要的人，這種人太稀有了，我們就是需要培養這種心。

嗔心及其他煩惱造成難以得暇滿人身

除了缺少持戒跟布施之外，還有上千種煩惱引起心煩亂，阻擋我們再獲得暇滿人身的機會，其中最糟糕的煩惱便是瞋心，如寂天菩薩在《入菩薩行論》提到：

一瞋能摧毀，千劫所積具，施供善逝等，一切諸福善。[61]

這偈頌很有法味。寂天菩薩強而有力地指出，造下能獲得暇滿人身的因有多麼難，而要造下投生三惡道的因，卻多麼容易。

一剎那瞋心能摧毀多劫福善，這麼說一點也不為過。一閃即逝的瞋心能把我們過去多劫累積的資糧抹得一乾二淨，造成我們將來投生三惡道受苦。要是起了瞋心，起瞋時間不用多長，甚至不必多強烈，就足以讓自己做過的任何善行，包括供養諸佛等等全被摧毀。很短時間內稍微動了氣，就足以摧毀心續中的善習氣。假設起瞋的對象是證悟者，則會摧毀更多善業，這些善業可是我們過去多麼辛苦累積的啊！

要是對菩薩生瞋，會有不好的下場，對佛或對上師起瞋心則糟糕透頂。有經典提到，對聖者生起瞋心的每一秒，等同會在地獄每一劫時間。就只需那麼一秒，這就是為何在一切煩惱當中，最需要避免生起瞋心。

要是我們有他心通，能知道有情的內在，能判斷出誰是聖者、誰不是聖者，我們知道可以對誰生氣、不可以對誰生氣的話，這樣還比較保險；但我們就是不知道對方是不是聖者，誰都有可能是聖者，就連動物也可能是聖者化現。諸佛為了最善巧引導有情，有無數無量的化現，有時化現為聖

61 寂天（二〇〇四）。《入菩薩行》。如石：諦聽文化。第六品，第一偈頌。

賢，有時則是乞丐，有時還是精神錯亂者，我們沒能力認出佛的化現，因此，認為「對看似比自己低劣的人生氣不要緊」，這種想法非常危險。

寂天菩薩在此偈頌提到的是一剎那起嗔，通常我們起嗔時間更長。像有蚊子在耳邊嗡嗡叫，吵得我們輾轉難眠。一開始不理牠，但蚊子一直叮咬，我們懶得揮走蚊子，牠就是不走，我們在床上整個人清醒過來了，氣憤難消；蚊子一叮咬，就一巴掌拍下去，但蚊子逃過一劫，時間漫長到似乎過了好幾個小時；終於最後一巴掌打死了這隻蚊子，我們感覺快樂得不得了，這隻昆蟲把我們的日子弄得不得安寧，現在死在手上，終於能放心了。

事實上，我們不但殺生，還具足完成惡業需齊備的四種條件——以嗔心為動機，蚊子是對象，以掌拍擊是行為，而且該蚊子比我們早先死了。這種行為變成了拋業（throwing karmas），而拋業會在臨終之際成熟，把我們拋向下輩子，以此例來說，會拋向地獄。我們不只強烈造下嚴重惡業，還隨喜自己，而不是後悔做出殺生不善行，因而加重惡業，讓這惡業可能更早成熟，而非晚些時候成熟。

同樣地，我們看看目前讓內心起煩惱的負面情緒——嫉妒、怨恨、偏見等等，再看看這些負面情緒就這麼輕鬆奪走我們獲得暇滿人身的機會。寂天菩薩提到：

> 剎那造重罪，歷劫住無間，何況無始罪，積重失善趣。[62]

62 寂天（二〇〇四）。《入菩薩行》。如石：諦聽文化。第四品，第二十一偈頌。

老實檢查自己內心，可能會發現，其實善的力量很脆弱，通常我們在不具有強烈動機下行善，而且沒有如法迴向；不善的力量卻非常強大，我們通常行不善的動機很強，完成後又隨喜不善行。由於不善業力量遠遠大過善業力量，還需要懷疑為何投生善趣會很難，更別說獲得善趣的暇滿人身嗎？

邪見造成難以得暇滿人身

先前已經提過，沒有投生為持有邪見者的有暇，持著錯誤的見地，會阻礙獲得暇滿人身。另外，我們可以探討一下，看看沒有邪見煩惱的人數是多麼稀少罕有。

持邪見的人，否認既有事實，代表他們沒辦法看到實相，不管他們做什麼事都是錯的，只會導致受苦。持邪見者否認有前後世，否認有業果，否認有佛菩薩及佛教基本思想。持邪見的人，想從只會使自己受苦的東西上頭，企圖找到快樂，就像明明喝下毒，卻相信喝下的是甘露。持邪見的人，相信「我」獨立而有，自性有，導致認為自己跟他人是分開的，這種想法反過來導致貪心跟瞋心，及其他種種煩惱；迷惑跟黑暗障住內心，唯一的結果就是痛苦。就算邪見者想行善，像是幫助其他人，但他們內心因邪見迷茫困惑，行善的結果也從來不會讓他們感到滿足。

即便抱持著邪見，並不會阻止人追求快樂，大部分人持的主要邪見是：把欲樂跟快樂劃上等號。看看周遭的人，會發現有很多錯謬的理念，從虛無主義（nihilism）到唯物主義，以及介於兩者之間的看法皆然。主張這些錯謬理念的老師，告訴學生，他們走上能得到快樂的真實道路，大家極為渴求快樂，跟隨這些有問題的老師，不幸走到錯誤的道路。有人去亞洲尋找指引，遇到聽起來很令人折服的老師，但這老師卻只能教給他們痛苦。他們心有不滿地回到西方社會，更為困惑，錢都浪費掉了，可能還差點精神崩潰。

我們遇到告訴我們正確道路的人，真是不可思議的希罕，沒有正確見地的話，怎麼能希望再獲得暇滿人身呢？

◆暇滿人身難得的其他譬喻

佛經裡以多種比喻指出暇滿人身難以獲得，因也難以獲得，所以相當少見希罕。眾多比喻裡面，最廣為人知的是盲龜浮上海面，正好穿過金環的比喻。寂天菩薩在《入菩薩行論》提到：

> 是故世尊說，人身極難得，如海目盲龜，頸入軛木孔。[63]

有隻龜住在海裡，每百年浮上海面一次；一個金環浮在海面上，被風浪拍擊，飄浮不定。這隻盲龜每百年浮現在海面的地點都不同，金環也不曾固定在某處。想像一下，盲龜浮上海面時，脖子不偏不倚穿過金環，發生這種事的機率多麼微乎其微？幾乎不可能發生，不是嗎？相同地，得到暇

63 第四品，第二十偈。出自《雜阿含經》第十五：「……爾時世尊告諸比丘，譬如大地悉成大海，有一盲龜壽，無量劫，百年一出其頭，海中有浮木，止有一孔，漂流海浪，隨風東西，盲龜百年，一出其頭，當得遇此孔不？阿難白佛：『不能，世尊。』……佛告阿難：『盲龜浮木，雖復差違或復相得，愚癡凡夫，漂流五趣，暫復人身，甚難於彼……』。」

滿人身等同於盲龜穿過金環，幾乎不可能發生啊！

海洋廣闊無邊，盲龜浮上海面的地點無數無量，盲龜看不見海面上的東西；姑且不論百年浮上海面一次，就算盲龜每天浮上海面，要能靠近金環的機率仍非常渺小，脖子套進金環的機率更加渺茫。

這比喻的每一要素都別具意義。金環當然是沉重的，無法浮在海面上，或許佛應該說塑膠環吧，環象徵佛法，金環象徵珍貴無比且清淨無暇的佛法。金環在海面上漂浮不定，象徵佛法不會在同樣地點出現，佛法存不存在，要看有情業力。

就像以前的西藏，古老西藏是個險惡四布的國家，過去曾是叢林、森林、惡地，當佛教從印度傳到東南亞及中國，然後傳至日本，看似不會傳到西藏，不知為何傳至西藏。到了現在，佛教在有些國家已經衰微了，即便佛法在西藏受到壓迫，但時至今日，佛法對藏人仍具非常強大的力量。

烏龜象徵有情，海洋底層象徵一直以來投生為三惡道有情，就像地獄道有情、餓鬼或畜生。眼盲象徵對於佛法的無明，無法辨別善惡，就如眼盲看不到東西，無明眾生無法明白佛法。

就像那隻龜無望地在廣闊無邊海洋四處游著，輪迴有情在三惡道流轉，處在地獄道多劫時間後，投生當畜生，經過無法想像的長時間後，接著生為餓鬼的業力成熟了。像這樣從一種不幸的投生再到另一種不幸的投生，沒辦法造下任何善。所以，每個行為本身都與不可思議的痛苦更為緊縛著。

烏龜每百年浮現海面一次，象徵經過不可思議長時間後，只有這麼一次，輪迴有情恰好獲得善趣投生。或許烏龜浮上海面的地方，金環曾經在那裡，卻已經飄走了；相同地，我們可能在佛出世後才得到人身，那時佛法已不復存在。或者有時會浮在金環旁邊，脖子沒套進金環；相同地，我們可能出生有佛法的時代，自己卻生於沒有佛法的國家，所以就算我們離佛法很近，還是沒辦法受佛法饒益。烏龜浮上海面而且脖子又套進金環，表示得到人身還不夠，一定要獲得暇滿人身。

就像我們被業風吹過來吹過去，相同地，盲龜浮上海面是隨機偶發的，因此我們不僅得到人身，而且這人身還具八暇十圓滿，這是多麼稀有啊！由此可見，暇滿人身是多麼稀有難得。

這就跟在屋頂上竟然長出草來，相對於鄉下土地長出草，非常希罕難得。暇滿人身難以獲得，就跟一粒米竟然能立在針尖上沒掉下來，或者往窗玻璃丟一粒米，米竟然黏在玻璃上。得到暇滿人身，就像是這般幾乎不可能發生的事。

有個故事是：有位盲人絆倒在一頭睡著的西藏野驢上，野驢嚇得跳起來，起身就逃。盲人抓住野驢耳朵，騎在背上，跟著驢一路狂奔，盲人開心極了，大聲唱著：「真是太好了！我眼睛看不見，卻騎上野驢！千載難逢啊！」有位噶當派格西（Kadampa geshe）目睹此景，放聲大笑，並以此作為例，說明得到珍貴暇滿人身也是千載難逢，我們擁有此暇滿人身時，務必完全實修佛法。

在西藏大部分地區，魚類相當少見，有個故事描述：後藏地區有個人想要把整條魚吃下去，能吃到魚真是難得的豪宴，他狼吞虎嚥，一口氣把整條魚吃下肚，吃得太快了，引發噁心嘔吐。他怕吐出這條珍貴的魚，就把腰間皮帶解開，緊緊綁在脖子上，免得吐出魚，其他人問他在幹什麼時，他回說要是吐出來，未免太浪費珍饈。

藏人在藏曆新年會做一種很特別的食品，由酥油混糌粑粉做成，叫麻增，形狀長得像厚厚酥油做成的糕點，價格不斐，窮人家把麻增看得相當珍貴。本波（Penpo）地方有位父親，他的孩子很愛吃麻增，他給了孩子一些麻增，孩子從父親的盤子上又偷一些麻增，孩子把偷來的麻增藏在背後，父親就不會抓到他偷了麻增。這時家裡養的狗走過來，從孩子手上把麻增偷咬去了。孩子好難過，放聲大哭，父親看到孩子竟然哭了，訝異不已，心想：「這孩子已吃到麻增，應該要很高興才對啊！」

我們此刻手上就握有非常珍貴的東西，也就是暇滿人身，如果不善加利用，死神這隻狗會冷不防地偷走。失去暇滿人身，比失去世上最有價值的東西還可怕十億倍以上。

這些故事跟比喻的重點在於，此暇滿人身是多麼不可思議的珍貴，從而激勵我們：切勿浪費暇滿人身任何一刻。只有靠暇滿人身，我們得以達成三種殊勝目標：更好來生、解脫輪迴、證得佛果。如果我們有決心充分善用如此殊勝良機，想要什麼都辦得到。

六　暇滿人身極難獲得

◆今生的幾個稀有之處

此暇滿人身極為稀有難得，必須齊備種種因緣條件，才能獲得如此美好良機。我們將會很快地看到，要出現這機會是極為特殊的，此外，暇滿人身卻又相當脆弱，可能在任何時間劃上休止符，要是不盡力在此世證得佛果，要等什麼時候呢？這種學佛修行的機會何時會再出現呢？宗喀巴大師在〈菩提道次第攝頌〉提到：

暇身勝過如意寶，惟有今生始獲得，
難得易失如空電，思已則覺世間事，
徒勞無益如揚糠，故應晝夜取堅實，

至尊恩師如是修，欲解脫者如是行。[64]

宗喀巴大師在此偈頌，藉由說明此暇滿人身珍貴程度勝過如意寶（wish-granting jewel）、短暫如閃電、又極具意義，不像揚糠（比喻俗事），來告訴我們暇滿人身的獨特性。他以短短的字數強調出非常重要的四點，總結暇滿人身教法：

此暇滿人身極珍貴

此暇滿人身極罕見又短暫

俗事極無意義

綜合以上，我們應立刻取得此暇滿人身的精要

奇蹟似地，我們得到此暇滿人身。對於宗喀巴大師寫的偈頌，不能只讀字面意思。宗大師不是說，我們在無量無數的過去世都不曾得過暇滿人身，他的意思是：能得暇滿人身真是太罕有了，從我們上一次暇滿人身到這一次暇滿人身，歷經無法置信的漫漫長時，久到好像是第一次得到暇滿人身。看看為了要得到如此人身，需要造下的各種因，會發現，能得暇滿人身真是天大奇蹟。宗喀巴大師寫的每一字蘊含非常有力的意義。

64 第十三及第十四偈頌。英文原文是由梭巴仁波切翻譯，在英文題名以"Line of Experience"或"Songs of Experience"最常見，圖登津巴格西（Geshe Thupten Jinpa）則翻譯為"Songs of Spiritual Experience: Condensed Points of the Stages of the Path"（藏音 Lam rim nyams mgur）

人類的演化

我們已知，暇滿人身不只是獲得人身，還要佛法完整地存在世間，真是令人無法置信的罕有。要對於我們現在處於多麼特殊的狀況有多點認識，想一想之前提到過的有暇跟圓滿，具有八暇十圓滿的人，跟其他有情相較之下，實在極為稀有難得。

根據佛教宇宙觀，世界生滅可分為四中劫，每一中劫各有二十小劫。第一中劫又稱成劫，整個世界包括下三道及上三道，也包括我們處的南贍部洲、世間天人的天道；第二中劫稱住劫，在此劫，世界繼續演化；第三中劫稱壞劫，世界受到破壞的時期；第四中劫稱空劫，世界已壞滅，空無一物，已經沒有任何有情，世界不復存在。

在成住壞空這四大劫時間，成劫、壞劫、空劫時期完全沒有佛法，佛法只存在於住劫，即使這樣，也不是整個住劫都有佛法。

佛教的宇宙觀裡，世界分為四大部洲：北俱盧洲、東勝身洲、西牛貨洲、南贍部洲。地球在南贍部洲[65]。其他部洲也有人類，但由於過去造的業，其他部洲人類的特徵跟地球人類不同。例如，西牛貨洲有情壽命固定一千歲，過得很享受，幾乎不可能想脫離輪迴，生活相當富裕又很享受，成了生起出離心的障礙，見不到輪迴諸多問題，所以對他們來說，難以瞭解輪迴的本質是苦。

同樣地，我們會在南贍部洲經歷的種種，也是過去業力形成的果報。世界是我們創造出來的，

---

65 字義是長有蓮霧樹（閻浮樹）（jambu）的島或洲（dvipa）。

由無數事情跟經驗形成。業力形成地球，意即由一切有情內心形成，包括地球上所有動物、人類、聖者。只有在南贍部洲有情的壽命長短不一，苦樂交雜，意謂我們不會被苦淹沒，容易看到生命的無常性以及苦的本質，給予我們脫離輪迴的機會。

人類起初是從天界演化而來，當時人類就像天人，不像現在的血肉身軀，當時人類由於心續墮落，所以從天界過渡到人界。不只如此，最初的人類又受到五濁，讓他們愈來愈粗重，演變成我們現在的樣子。五濁即：煩惱濁、壽濁、劫濁、見濁、眾生濁。

最初的人類，隨著內心愈來愈粗重，生命也愈受煩惱掌控——煩惱濁；於是人類壽命縮短——壽濁；一旦受煩惱控制下造的業成熟了，環境條件愈來愈嚴苛、困難重重——劫濁；心愈來愈被邪見封閉，加重整個情況——見濁；見濁轉過來致使有情的行為退墮，互相傷害，日愈嚴重——眾生濁。五濁惡世至今仍是如此。

人類最初壽命達八萬歲，逐漸減壽，減至十歲，從十歲又逐漸增壽至八萬歲，復又減壽至十歲，就像是潮來潮去，如此反覆二十次循環，就是一中劫時間，一增一減循環是一小劫時間。重點是人壽從十歲增加到八萬歲期間，不會有佛出生世間傳法，這種時期稱為暗劫，只有在人壽從八萬歲減少至十歲期間才會有佛法。

我們當今這一住劫，會有一千尊佛出世弘法。在人壽四萬歲時，第一尊佛拘留孫佛（Krakucchanda）出現於世，接著是第二尊佛拘那含牟尼佛（Kanakamuni），再來是第三尊佛迦葉佛（Kashyana），第四尊佛是釋迦牟尼佛，第五尊佛是彌勒佛。經典提到，彌勒佛會在人壽十歲時降生於世，彌勒佛降生將會對人類產生極大的啟發，人類開始行善，因此人壽復又增加。

只有當人壽減少至百歲時，佛法才又出現於世。現在平均人壽約是八十歲，因此目前正處於末法時期。

人類從天人演變而來，當時人身跟現在很不一樣，起初的人類能享受到天人擁有的各種欲樂，人壽也是不可思議地長，不是幾千歲而已，而是幾萬歲，他們的身體輕盈飄逸，由光形成，而非現在人身由粗重物質構成。他們還會飛，時間沒有白天跟晚上的區別，還是自然化生，不像現在人類需要父親精子跟母親卵子受精。

人類一開始吃的食物天然又純淨，完全不是粗重物質。但隨著他們漸漸退墮，土地長出各種穀物，這些作物雖然比較粗重了，不過在物質上還仍很細微，白天種下，晚上就能取食。所以就算早期人類變得較為粗重了，仍然沒有明顯不適，要找營養豐沛的食物不成問題，幾乎是一出現飢餓念頭，食物就會出現眼前，不需費任何力氣。

人類之所以會退墮，主因是貪心不斷增強。即便當時人類退墮了，身體仍比現在人身更優良，從最起初光形成的身體，轉變成粗重的血肉身體，並長出了生殖器官。

現在人類有不同性別，分成男性、女性，也會顯露出性吸引力。會有性吸引力並非憑空出現，而是一直潛伏在色界天人心中，最早期的人類就是從色界天人演變而來，只是當時是光芒身，不會表現出性慾；現在有了粗重血肉身軀以及不同性別，就出現性的吸引力，也有性慾。

漸漸地，人必須付出更多努力來獲得食物，種植作物後需要採收，不過當時仍沒有像「我」及「我的」概念，彼此共有土地及作物。慢慢地，生起粗重惡念，會去嫉妒他人，認為別人的農作物比自己更好，生起憤怒及競爭，其他像貪心、吝嗇等等煩惱也冒出來了。就算在這階段，人的煩惱還是比我們現在面對的煩惱要微細多了。接著，人開始主張哪些東西屬於自己，會保護屬於自己的東西，不讓別人拿走，於是跟其他人對抗，由此，也出現了想要擁有他人東西的這種欲望。

相同地，即便這時人身愈來愈粗糙，憤怒及貪心的程度仍算輕微。到了某個時間，人開始感到冷熱，需要住所，因此人用泥土做成牆，蓋起房舍，也因有了隱私感，生活變得愈來愈孤立，對自己的身體有羞愧感，便以衣物遮蓋。

有了所有權的概念後，繼而出現糾紛、爭吵，也因此制訂出法律，生活變得愈來愈複雜。有了需求感，就會相對擔憂自己擁有的還不夠多，便開始囤積東西，並好好保護著。

不滿足感、吝嗇、驕傲、嫉妒等等煩惱愈來愈熾盛，相對地愈來愈常遇到問題，自己解決不了爭執，此時需要有領袖來平息爭端，因而需要國王治理國家。剛開始國王是為人民服務的僕人，以睿智來規勸人民；慢慢地，國王這位子變成握有大權，獨斷對錯。

人從以前至今一直退墮，現今人壽平均八十年，由權力來決定事情對錯、各種粗重煩惱盛行。

或許有人認為世界變得愈來愈好，現在的生活跟幾百年前相比進步多了，但這是狹隘的想法。地球的確小範圍暫時有進步，但整體來看，不只是壽命減少，物質條件跟人心必然是退墮的。

現在正是五濁惡世，全球愈來愈多的戰爭、飢荒、煩惱、害怕，世界變得更為暴力，而非趨向更和平。居住在地球的有情，煩惱熾盛，自然災害也愈來愈多，資源短少，不甚和諧。

即便現今我們受到的教育比以前更多，不代表就變得更睿智。事實上在見濁時代，一般人比較相信物質，認為擁有外在的東西才是幸福的來源，對佛法則一竅不通，認為幸福是可以實際取得的，於是有人去偷甚至去殺，來得到想要的東西，這就是五濁最後的眾生濁。

現在變得更難以靠殊勝佛法調伏內心，人變得更油條了，內心頑固到硬得像鐵或石頭。一般人認為佛法是迷信，要是曾經聽過空性教法，對他們來說沒有道理可言。一般人厭惡宗教，對於宗教的教義感到害怕，如此的眾生濁是來自煩惱濁。

看看從天道到早期人類，直到現今的演變，就能得知，在整體時間上，有情內心能開放接受佛法的時間很短暫。對濁世過程有所瞭解，有助我們珍惜當今時間有多麼特別及珍貴，只有現在這時期，才有機會打破可怕的痛苦循環。

佛法存在世間的時間如此短暫，我們一定要盡力善用這段時間，在成劫、壞劫、空劫沒有佛法，即便是住劫，人壽增加的時期也沒有佛法；又即使人壽減少時期，在這段時期裡有佛法存在的時間也很短暫。能夠聽聞佛法，從佛法得到饒益的人，真的相當稀有難得，就像我之前提過，佛法在這段時期存在世間的時間幾乎到了盡頭。

目前世上仍有佛法，但時間快結束了；世上仍有殊勝的師長，但這些師長會住世多久呢？眼看時間一眨眼就到了，很快會沒有師長，因為那時佛法不復存在世上。法光照亮我們面前的道路，目前法光芒宛如蠟燭燃盡前的最後火花。佛法還在的時候，我們有機會能造下真正快樂的因，追隨斷無明及煩惱的方法，能獲得圓滿佛果，這就是何以此人身如此珍貴。

相較輪迴其他道，此生是稀有的

現在我們處在末法時期，這一世得暇滿人身，不只從時間角度來看非常稀有，從數量角度來看也是如此。還有無數其他有情跟我們同樣活在地球上，但是多少有情能受到佛法的饒益呢？極少。佛陀說過，上三道有情的數量跟下三道的有情數量相較之下，前者好像是一根手指的指甲縫裡面塵土數量，而後者則是布滿大地的塵土數量。下三道有情的數量多到無法想像，在上三道有情數量這麼少之下，人道有情數量更是少數，當然，擁有暇滿人身的數量少之又少。

暇滿人身是在一切投生當中最稀有，也最難獲得。先不看造下暇滿人身的因有多麼困難，也不看佛法存在世間的稀有性，光是考慮數量這一點，此暇滿人身就極為稀有。

或許有人認為這世界早已人滿為患，帕繃喀大師在《掌中解脫》[66]提到一則公案：有位蒙古喇嘛在說法，正解釋到投生為人是多麼稀有時，群眾有位中國人，他說蒙古喇嘛還沒去過中國，才會這麼說。表面看似如此，但人類只是地球上一部分有情，跟其他有情相較，人類數量相對極少。另外，一旦瞭解我們從輪迴某一道要投生另一道時，全由業力決定，只要看數量，就知道要再生到三上道的機會很渺茫。

下三道大多數有情在地獄道，餓鬼道有情數量比地獄道少，而畜生道有情數量比餓鬼道更少，因此，要是我們看看周圍畜生道有情數量，就知道下三道有情數量不計其數。

想想非洲不可勝數的野生動物，或者遨翔天際的百千萬隻鳥；如果你曾在海裡游泳，就知道海洋魚群種類極為豐富。或許你曾看過野生紀錄片，拍攝不可計數龐大的魚群從某海洋遷徙到另一海洋，從體型最迷你到最龐大的魚都有，從海豚到鯊魚再到鯨魚，種類繁多的魚群，數量多到無法計

66 參閱《掌中解脫》一書。

數。我們看看海床，在海洋還有更多的生命，數十億以上的微小生物，遍滿整個海洋，去看海邊就知道，每塊岩石上都有貝類，另外還有螃蟹、海星，也可以在沙灘上看到的各種海洋生物。

記得有次在紐西蘭，有天晚上我們到了海邊，我看到岩石上有光芒閃爍，納悶到底是什麼，走近一看，看到數百萬隻的小生物，各種各樣的貝類在岩石每一小洞、每一細縫裡頭，這些貝類只能等著海鷗把自己送上西天，海浪把這些動物沖下岩石後，布滿整個沙灘，多到無法不踩到。

站在地上，往下看，在雙腳下有多少有情？一棵植物的莖上頭，有百千隻小昆蟲匆忙移動著；地上有許多螞蟻組成不同隊伍，從甲處行進到乙處；甲蟲或飛或爬到四處；蜘蛛網遍布四周，裡頭的蜘蛛正等著百萬隻當中不走運的蒼蠅或飛蛾；草地上放牧牛群及羊群，鳥兒在樹群間飛翔。或許大家通常不會注意到這些，除了人類之外，四周有百千萬隻動物，這些還只是我們看到的，地底下有為數更多的生物，肉眼看不到的生物還更多。地球上人類數量，光是跟一種昆蟲的數量相比，根本比不上。

就算是在都市，看似只有街道跟房屋，動物數量仍遠遠超過人類。每條路底下有屬於昆蟲的城市；每棵樹上住有許多有情；每塊腐爛的木頭住著無數有情。去過加德滿都的人都清楚那裡的蒼蠅，在一間房間就很難算清楚有多少隻蒼蠅，更何況是整個加德滿都。

我們認為自己住的房子沒有害蟲，但可能有百萬隻害蟲就住在房裡，房子裡面或狗身上有虱子跟跳蚤，有白蟻蛀木頭，有蛾咬衣物，多到不行的跳蚤躲在地毯，為數眾多的有情跟我們住在同一空間，甚至住在我們身上！覺得身上癢癢的，看到身上有個小紅點，這就代表有位慈愛的母親，吸食我們的血當晚餐，更不用提在我們身體裡面成家的其他有情，微生物及其他體積小到只能以顯微鏡才看得到的有情。

每一刻都有百千萬隻動物瀕臨死亡，死後一天身體長出了蛆、昆蟲，啃食血肉。印度常見被遺棄的動物，狗死後短短幾天內，就有成千上萬的蛆布滿屍體，代表隨時有百千萬以上中陰有情等著要投生為蛆，吃那死屍。因緣具足時，就在一瞬間，心識進入新的身體，繼續生死輪迴。

有情在死亡跟投生之間的時間處在中陰，在業力驅動下，去找下一輩子父母行交合時，心識會去父親的精子及母親卵子結合的受精卵，就有了新生命。兩隻動物交配時，周圍圍繞著無量無數，可能投生成為動物的中陰有情，最後是哪些中陰有情雀屏中選，全由業力決定。

沒有好好洗衣服或頭髮的話，潮濕及塵垢這些條件會生出虱子、跳蚤之類的昆蟲，同樣地，小昆蟲生在腐肉或腐木裡頭，如果沒有很多中陰身有情等著投生的話，沒有道理這麼快就出現這些動物。

畜生道有無數受苦有情，牠們怎麼投生到畜生道呢？當然不是出於自由意志，沒有人看到螞蟻後，想要下輩子當螞蟻，嚐嚐看當螞蟻的滋味。投生到畜生道，不是自己的決定，每隻動物都是被逼迫投生畜生道，是被無明、嗔心、貪心控制，自己沒有選擇餘地。動物會受苦，全是由於過去無明導致，對業力因果沒有概念，也不知道持戒為何，畜生道有情幾乎沒機會逃得出痛苦循環。

我們有業力會投生當狗或狗屍裡面的蛆嗎？要回答這問題，就得要老實看看自己每天每一刻造下什麼因。人死後投生為動物，似乎讓人感到不可思議，看起來人會永遠當人，這種想法源自狹隘的觀點，誤解了心的本質，以及內心與身體之間的關係。就算是今生，由於內心力量，身體都可能出現激烈的改變，死後心識離開身體，內心會去執取的下一個身體，完全要看當時成熟的拋業而定，要是我們有生為動物的業力，就會生為動物。想想造下生而為人的因有多麼困難，而生為動物的因又多麼容易，動物數量遠比人類要多，這一點也就不足以為奇。

相較他人，此生仍是稀有的

如果說造下投生為人的因是幾乎不可能辦到的困難程度，那麼造下投生具有八暇十圓滿的人身更是千難萬難；光是設法得到另一個人身，並不代表就能值遇佛法，要是真的值遇佛法，也沒辦法瞭解或實修佛法。

北俱盧洲、南贍部洲、東勝身洲、西牛貨洲，在這四大洲，只有南贍部洲人類，也就是我們，擁有適合的條件能值遇佛法及實修。我們這一生就出生在唯一可能辦到的南贍部洲，只有這人身，在此世不只能克服痛苦，還能獲證佛果。

不過，即便投生南贍部洲的人類，也就是這世間的人類，當中有多少人能學佛修行呢？人類具有瞭解佛法的能力，光是遇佛法，只有少數人具有這樣的資糧，大多數人教育程度不高，沒什麼錢，除了活下去之外，要做其他事還心有餘而力不足。世上只有少數地方沒有遭遇乾旱、飢荒，而沒有戰爭、恐怖主義的地方也算少數，看看不受粗猛無明主導的人數有多麼少。

不需看陌生人，看看自己的朋友，會發現：他們受過教育、具聰明才智，甚至機會擺在眼前，卻不見得自然想禪修，或者是會有智慧明辨哪些是該做的善行，哪些是該斷的不善行。

諸多宗教道路當中，屬於佛教徒走的道路上，有多少人有機會追隨整個佛道呢？就算像在東南亞，那裡有很多人是虔誠佛教徒，依然對於應當要做什麼事來超越現狀沒什麼概念。他們的確很虔誠，卻沒機會接觸道次第，就沒有辦法瞭解道次第才是自己真正需要的內容。

大部分人並沒有很投入於追隨宗教上，即便自稱是宗教信仰者，大部分時間卻是追逐五欲，跟非宗教信仰者沒兩樣。通常大家對於怎麼讓自己變得更好有些不同想法，像西方人似乎認為生活應該愈過愈好，於是他們更拚命工作，擁有更多東西。如果我們請這些人回顧孩童時期的生活，評估看看，從當時到現在，是否有獲得平靜、謙遜、慈悲心？還是更容易心煩意亂、自傲、起嗔心呢？我想依照那些標準來看，他們的生命是愈活愈糟了。

提升有價值的、正向的特質，才是讓自己愈來愈好的真正定義。姑且不談致力獲得佛果位或解脫輪迴，光是想讓自己愈來愈善良，就很難找到這種人。當然，一般世人不懂得珍惜暇滿人身，只會想自己身而為人，可以好好放鬆，還認為自己不會墮入三惡道，這種想法不過是自欺欺人罷了。

大家已聽過菩提心的教法，也清楚擁有菩提心是多麼令人讚歎，因此，我希望大家要發起堅定的決心，做的每件事都要能帶領自己證得菩提心。如果你有菩提心的話，這是多麼了不起啊！有經典提到，光是聽到「菩提心」這詞，就需要不可思議的資糧，更別說學習證得菩提心的教法了，世上極少人有此殊勝的幸運，我們真的是無法置信的幸運能有如此福氣。

必須明白一點：能值遇佛法，而且是完整的佛陀教法，是多麼稀有難得。很少人能享有此殊勝機會，更別說其他道有情，實在很不幸。光是瞭解到這一點，就應當能生起悲心。這個比整個天際充滿如意寶還更為珍貴的佛法，大家都能獲得，卻這麼少人明白這一點。

◆今生短暫

花在修行的時間極短

我們可能隨時會死，就算確定能活到百歲，感到心滿意足的話，仍舊是場悲劇，因為其實並沒有百年時間學佛，要是還有時間的時候，沒有充分把握機會，肯定有朝一日會失去它。即便能活到百歲，確實少數人能活到此歲數，但一半時間花在睡眠上，我們睡著時能學佛修行嗎？我們能將睡眠轉為善行嗎？剩下五十年，超過十五年是兒童時期，不知該如何過有意義的人生，整天玩耍，抓著我們認為會帶來快樂的東西不放；同樣地，我們壽命百歲，肯定人生晚年至少有十五年衰老而損失掉了，那時記憶力退失，不再身強體健，只能整天坐著不動，等其他人餵飯，幫我們洗澡。像是研讀經論、禪修佛法、先為他人著想等等，都辦不到了。

剩下二十年光陰，又有多少時間會投入在佛法上頭呢？花很多時間吃喝，為了生活必需品及奢侈品努力工作，往返工作，還浪費更多時間在八卦、聊天、爭執、吵架。我們生病時無法修行佛法，就算沒病沒痛，還是找不到時間修行佛法，所以活了百歲光陰，要是真正仔細看看花了多少時間在修行佛法上、有真正善用此暇滿人身，會發現其實時間少的可憐，或許頂多就一年吧。

人生相當短暫，再者，沒人知道生命何時會走到盡頭。先說活一百年好了，但連活到八十歲的人都算少數，有嬰幼兒過世、也有剛成年的人過世，很多中年人病死或意外驟逝，導致死亡的原因林林總總，能繼續活著的順緣卻很少。在這我們稱作人生的短暫瞬間，自己真的有時間修行佛法嗎？

我記得第一次在澳洲跟耶喜喇嘛教道次第課程時[67]，有位一心嚮往出家的年輕人，耶喜喇嘛同意為他剃度，前提條件是他必須回家徵得父母同意。這位年輕人當時買好了新僧服，一切準備妥當，但他離開後，我們從此再沒見到他了。他因為某事改變心意，修行佛法的障礙出現，似乎後來去印度，有天卻從頂樓一躍而下，自殺身亡，似乎原本他後半生能學佛，卻半路殺出程咬金。

這就是為何瞭解暇滿人身這些要點如此要緊，瞭解獲得暇滿人身多麼稀有難得，多麼難以得到，就是為了清楚，我們擁有暇滿人身之際，要老實認真學佛是多麼具急迫性；清楚暇滿人身具有的諸多功德，以及世俗生活多麼無價值，讓我們有力量捨棄五欲，從此只做富有意義之事。正如宗喀巴大師所說：

一次獲得暇滿此人身，難得意義深大善知已，
晝夜六時憶持諸心要，恆無間斷生起祈加持。[68]

愈清楚暇滿人身的殊勝價值，就會有愈強的心力只做有意義的事。內心會從原本想行善卻發現極難做到，轉變成既不需耗費心神，又能滿懷喜悅只做善行。我們不僅不敢造惡，還是徹底不想造

67 課程起源於一九七四年，FPMT 在西方首間佛法中心——千手千眼觀音中心，中心位於澳洲靠近優多羅（Eudlo）處，課程地點在澳洲昆士蘭的布里斯班，往北開九十分鐘車程的鑽石谷。

68 英文請見 "FPMT Prayer Book: Essential Buddhist Prayers" 第一冊，第 139 頁。

惡，能如此有意義度過生命每一刻，是多麼好啊！就算明天死了，能拍胸脯說自己做到了善用此暇滿人身。

如一瞬閃電，轉眼到人生盡頭

宗喀巴大師在優美的道次第願文〈功德本頌〉提到：

身命動搖如水泡，速疾壞滅當念死，
死後如影隨於形，黑白業果恆隨逐。[69]

這些偈頌字句很有味道，就像生病時要吃的藥，如口渴時喝下的清涼飲品。泡泡很脆弱，持續時間極短，我們為俗事付出的努力，奮鬥打拼、不屈不撓努力的一切事情，並不比泡泡更牢固，就在我們要享受成果前一刻，如瞬間破掉的泡泡，生命也就嗚呼哀哉了。佛陀在《三摩地王經》提到：

三界無常如秋日雲朵
見有情生死舞蹈亦是
有情生命此生又彼滅
如天際出現剎那閃電

69 宗喀巴。〈功德本頌〉。比丘法尊譯。第三偈。

秋天時節，天上雲朵被風吹散，改變形狀或就此消散。生命亦是如此，沒有一刻會固定不變，三界當中，包括欲界、色界、無色界，亦是如此。三界沒有固定不變的事，沒有永久常在的事，秋天雲朵看起來結實堅固，不過是水氣罷了，隨時會消逝，我們的生命亦然。

我們都認為自己不會死，當然從邏輯來看，如果有人問我們是否會長生不死，我們會予以否認，但我們表現得卻像會長生不死。有天死神來了，我們嚇得驚慌失措，某種程度上感覺像被詐騙了。事實上，就如宗喀巴大師所說，生命短暫宛如閃電，極難獲得，卻非常容易衰敗，突然間出現，又迅速逝去。

如果我們能活得很久，一直過著如意順遂的生活，假設我們確定自己能輕易再投生善趣，那麼就能好好放鬆休息，日後再學佛修行便可。但情況根本不是這樣，生命極短，從出生那一刻就步向衰老。

要是我們是尋覓無價鑽石的珠寶大盜，晚上漆黑一團，這時突然打下一道閃電，照出路上的鑽石，變黑之前只有一秒能撿起鑽石。要取得生命的精要，就如閃電般短暫的生命裡，撿起鑽石。

閃電這比喻也能簡單解釋空性。想像一下，我們走在伸手不見五指的路上，漆黑一片，看不見任何東西，不會名言安立任何事物；接著打下一道閃電，在那短暫瞬間，我們看見了樹及另外一位行人，由於突然出現的光線，亮出了這兩個基礎，於是我們安立上「好的」、「差的」、「醜的」等等標籤，就算在這麼短的時間，貪心跟嗔心隨之而起，只要有基礎的顯像，我們就會將之歸類。

真實生活亦是如此，從生到死，我們見到各種事物，只憑著短暫的顯現，便將之歸類，分門別類在「朋友」、「敵人」或「陌生人」。要是我們清楚生命所剩時間不多，會知道，做這種區分實在太蠢了。追隨貪跟嗔，就看不見實相，接著會心煩意亂死去，由主宰生命的貪嗔給推拉著。

我們浪費寶貴時間忙著給人、事、物歸類在好的或差的。這些歸類在真實上並不存在，我們建立起模式，餵養煩惱，把生命弄得亂七八糟。像是我們「真正的」朋友，我們「真正的」敵人，我們愛死了跟討厭的「真正的」地方，我們喜歡做跟討厭做的「真正的」事情，我們死時，這些終將瞬間消失無影。我們認為對方帶來的幫助跟傷害，此時已全煙消雲散，只有我們對於對境生起的種種煩惱，會在心續留下惡習氣，決定下輩子的投生。因此，在世時執取這些煩惱，實在了無意義，被閃電照亮的那瞬間看似真實，但即刻又蕩然無遺。

隨時可能會死

對於怕死這件事，可以是消極或健康心態。一想到死亡，驚懼到呆若木雞的話無濟於事，但思惟隨著年紀增加，不可避免地朝著死亡前進，可能隨時大限臨頭的想法，有可能會激勵自己學佛修行來善用每一刻，並捨棄俗事念頭[70]。

會死這件事，並不是我們還沒活到中年之前，用不著擔心的事情。生命是無常的，生命就在瞬息之間，從母親受孕那一剎那，我們就朝著死亡前進，一分接著一分，一秒接著一秒，分秒倒數著，愈來愈靠近死亡。

70　仁波切的著作"Wholesome Fear"對此有詳細的說明。

花朵綻放的那一剎那，就開始凋謝、枯萎，但我們見到花謝時，依舊不免嚇一跳。我們的生命也是如此，就像河流一樣，每一剎那都在改變，但我們從來沒覺知這一點。然而，由於相續性的關係，即便是無常事物，我們感受到卻是恆常的。無常是生命的本質，從受胎到死亡之間，宛如一彈指；我們一直相信自己明天會醒來，還以這種相信為基礎，盤算隔天要吃什麼早餐。有朝一日，由於業緣關係，我們就這麼翹辮子了，三惡道大門將會為我們開啟。

我們分分秒秒都在死去著，自己卻覺得會長生不死，直到死神有天面對面直盯著自己，我們才驚愕失色，自忖：「怎麼會發生這種事呢？」那時內心受到強烈痛苦，再也見不到貪愛的東西，這讓我們大為哀傷；對於想做而未做的事情，想到再也沒機會去做，就難過不已。貪心愈強，感受到的痛苦也愈強，死亡愈來愈靠近時，我們看到的是愈來愈強的痛苦畫面，在這時候，我們才領悟到，原來生命多麼短暫。

你看吧，生命是不確定的，我們每天早上起床，懷著「我可以活很多年，起碼三四十年以上」這種感覺。我們做任何事都帶著這種「我可以活很久，久到感覺像不會死」的直覺。但發生在周圍其他人的事，再再告訴我們，我們的感覺一點也不正確。能活多久，要看能呼吸多久；而呼吸一點也不堅實，呼吸要依賴空氣進出肺臟，就在一呼一吸之間，這就是所謂的活著。時間一到，呼出最後一口氣，就再也不會吸氣了，就是這樣，生命劃上句點，這件事何時發生，由不得自己。

每個人終將一死，世上還沒有人能長生不死，沒人騙得過死神，活著全依賴呼吸。呼吸系統有功能時，我們就能活著，一旦呼吸系統停止運作，我們就死了。生命就是這麼脆弱，就像隨時會破掉的泡泡，隨時可能會撒手人寰。

死亡近在咫尺，穩穩地坐在我們對面，正揪著我們瞧。死亡可不是在別的國家等我們申請簽證飛過去，死亡也不在其他城市，死亡距離我們就在呼吸之間，呼吸一停，所謂的地獄可能就開始了。

想像你正躺在手術台上，心中明白能捱過手術活下來的機率很低；在你右手邊有一大堆鑽石，堆得像座山那麼高。一邊是鑽石山，另一邊是命，你會選哪個？這問題顯然很笨，你當然會選擇活下來。我們每天就是面臨著這種選擇，儘管不像上述那麼戲劇性的程度，我們每天就在俗事及活著（真正的活著）之間做出選擇，但很多人選擇的是俗慮、世俗享受，卻沒意識到是拿命換來的。

死後只有心識會繼續下去，原本身體變成屍體，財物對我們再也沒有用處，像是一根頭髮從奶油抽出來，心識乾淨俐落地離開身體，不帶走身體任何微塵。我們生前擁有的任何東西，此時已都不存在了，只有內心諸多習氣留下。如果是惡的習氣，我們會受苦，要是善的習氣，我們會快樂，就是這樣簡單。死時就算是鑽石山也無濟於事，其實鑽石山在其他時間也無法真正能利益我們，鑽石山不會是此世感到快樂的主要原因，但是我們對鑽石山的貪心肯定會讓自己在下一世遭遇痛苦不幸。

因此，為了此生而做的事情，在死時沒有絲毫助益。我們會失去曾經拚命努力的一切，像失去身體、財物、關係、地位、名聲，失去之餘還貪這一切的話，肯定在死時及死後會感受到可怕的痛苦。我們唯一帶得走的是內心，因此我們在此生能做的有助益的事，就是確保自己內心善良，意思就是學佛修行，而且只有學佛修行，沒有其他。我們做的任何事情都要如法，不可懷著貪心去做，而是要以愛心、慈悲心、智慧來做事；換句話說，不需要大幅改變生活，要改變的是心態。

就算剩五分鐘可活，這五分鐘能做什麼事呢？去海灘嗎？看電視節目？大醉一場？說實在的，只有一件事能做，就是修行佛法，觀修出離心、菩提心、空正見，這麼修，在這五分鐘就能影響甚鉅。

否認會死，只會徒勞無功又自欺欺人，我們終將一死。有天我們接到朋友來電，通知某位共同朋友去世的消息，真令人震驚不已，我們哭泣哀悼，打電話通知其他朋友這件事，他們聽到也都目瞪口呆，大家從沒想過這位朋友會死，真是太出乎意料之外了。有一天，有個人也會打電話通知我們的朋友一則死訊，但不會打電話通知給我們，因為我們就是亡者本人，朋友們也將掩面哭泣，說真是晴天霹靂啊！

接著，我們長久以來悉心愛護的身體，已經不是稱為「身體」，變成「屍體」，朋友會來瞻仰遺體，淚流滿面，想不透為何發生這種事，然後買了一束參加喪禮的鮮花。我們再也見不到自己的身體了，再也見不到親人了，擁有的一切東西了無意義，手上還沒做完的工作，像是蓋房子、寫書、到國外旅行、工作升遷等等，終將功虧一簣。

這件事必定會發生。我們所剩不多的時間，要選擇貪求鑽石山，或者做些真正有意義的事，才會在死時會快樂滿足？要在兩者之間做出決定，應該不會很難吧。

不為來世做好準備是很危險的事，現今大多數人會購買壽險，還去醫生那兒定期健檢，這些是很容易理解的常識；到尼泊爾長途旅行的人，會準備一瓶瓶滿滿的藥，避免自己得肝炎等疾病；有錢人家裡櫥櫃裡面有治高血壓、高膽固醇等各種昂貴藥物。

不過，所有人應該都要做好準備的，是來世很可能墮落三惡道這件事，所以提前學佛修行不是更為善巧嗎？就算是對這輩子來說，學佛修行都能淨化所有嗔心、不知足、痛苦的心；就算沒辦法消滅煩惱，至少會減輕煩惱，因此我們會感到更平靜，跟周遭環境和諧共處。

或許我們會認為，前後世這種概念，就像是亞洲旅行別具異國風情，對於現代西方社會來說，前後世這概念不是真實的，也跟自己沒關係。我們否認有前後世，單純因為無法親眼見到來世。但以一個月時間為例，兩者情況一模一樣，例如下個月我們打算到希臘度假，當然以論理來看，我們看不到未來，所以未來並不存在，那麼就無需費心安排度假，像是買機票、訂旅館等等。

否認有前後世，就是斷定佛陀及追隨佛陀的偉大班智達，他們都錯了，就算他們有神通力能看到出生、中陰、再投生的整個過程，他們仍錯得離譜，或迷信之徒。他們說這些內容不過是要嚇唬我們要當好人。如果我們是這麼想，還真的很多人的確這麼想，真是煩惱深重，只因為不是親身經驗，就否定他人經驗，實在目光如豆。

會投生或者不會投生，不是取決在相不相信或者生長背景的文化，這就好像「西藏人會投胎轉世，而西方人不會」的意思。或許還沒有科學鐵證能證明死後心識會繼續，但也沒有證據能反駁心識不會繼續。不能因為學校沒教這些，只因為西方文化沒有深思這一點，而就此否認。活在這世上，認為沒有來世，真是大錯特錯，就像因為下個月不存在，就跟假日不用預先訂位或不用付下個月房租的道理一樣。

我們無法預知後半生會發生什麼事，仍會為後半生準備，像是購買壽險、作退休計畫等此類安排，就是想要後半生不會遇到痛苦；為來世準備也是同一件事，只不過時間拉得比較長而已。相信有來世，我們就能清楚，要在來世不受苦的話，現在該做什麼事。

我們無法確定自己是否會活到老年，不確定是否能到希臘度假，但有一天會死，這倒千真萬確。

正如佛陀說過：「明日或來世哪個先到，沒人確定。」與其投入所有時間為不確定的事做準備，不如為確定的事做準備。

如果我們知道痛苦將至，應當先做好準備；要是等到痛苦出現，才想要避開，則為時已晚。一旦墜落懸崖，跌斷了腿，除了受苦，沒有其他選擇；需要在走到懸崖前，就懸崖勒馬，才能避免遭逢痛苦。佛法猶如避免洪水氾濫的水壩，我們此世跟來世都能從佛法得到饒益。

此時此刻下定決心要學佛修行，這是我們能做出至關重要的決定，因為這決定會影響無數來世。

有位美國女士寫出自己死後，意識離開身體，她覺得世間仍有未竟之事，於是意識再度進入身體，死而復生。這經驗讓這位女士體會到，意識在死後不會停止，來世的確存在。她也提到，從這個意外，清楚看到自己從出生到「死亡」期間做的事情皆徒勞無功，因為沒有一件事是為了來世的快樂，這部分特別引起我的興趣。

我們應當像這位女士，明白為了此世而努力是沒有意義的；另外，所做的事情應當讓此暇滿人身富有意義，到了臨終會相當快樂，好像準備去野餐，也像回老家探訪家人。或許，有了這份善心能投生淨土，在淨土能快速成就佛果，就算到不了淨土，必定能再獲得暇滿人身，獲得學佛修行的機會。我們必須從現在開始準備，要是到了臨終才意識到殊勝佛法是唯一有助益的事，已是臨渴掘井。

現在我們擁有此暇滿人身，有機會讓每一刻時間過得富有意義，因為如此，我們有機會能在死時感到快樂、平靜，之後還能投生善道。思惟死亡，不是刻意把自己嚇到沮喪不已，反而是要喚醒自己，要盡力將原本不善的心轉為善心。

應當時常觀修死亡無常、死期不定、隨時可能會死，這些事實應當烙印於心；一旦我們真正有所體會時，不可能會損失此寶貴人生任何一秒鐘，也不可能想再造不善業。煩惱現起時，我們會看到煩惱的危險性，迅速擋掉煩惱；與其著眼短期的自私目標，會為了長期目標努力，將得到真正的快樂，也會具有普濟眾生的能力。

七　遠離俗事

前幾章曾引自宗喀巴大師著作〈菩提道次第攝頌〉，裡頭提到：此生如閃電，世俗之事如揚糠。亞洲農家會把稻穀放在竹蓆上，向上拋灑以分開稻穀跟無用的揚糠，揚糠會被風吹散，過篩後留下有價值的稻穀，食用稻穀維生，揚糠卻絲毫無用。同樣地，我們活著時明明能做出偉大價值的事，卻醉心在毫無意義的俗事。

◆此生無意義的事

宗喀巴大師修行證量極高，話語鏗鏘有力，是治癒受苦內心的一帖良藥，是讓熱惱心降溫的一陣微風，沒有贅語，每字都是難以置信的豐富。同樣地，為了要把握住每一刻，讓每一刻過得有意義，要體認到自己隨時可能會死，眼光也必須超越世俗生活的表相，瞭解俗事沒有意義，為了取得此暇滿人身的精要，必須丟棄世俗揚糠。

我常拿一點也不詩情畫意的衛生紙來比喻，衛生紙就像俗事對我們的意義，我們如何對待用過的衛生紙，就該同樣對待俗事。

大多數人在追逐俗事上不是這樣的態度，反倒把欲望視為正面的，以為自己貪求的欲望能帶來快樂，對於接下來談到的暇滿人身、獲得暇滿人身的因，以及各種業力導致的果報，似乎過於沉重，想掩住耳朵不聽。不瞭解內心怎麼作用的人，會認為心跟貪為一體，心跟貪總分不開，所以出離心指壓抑欲望，讓人感到既沉重又不愉快。

上述的想法，完全誤解了貪，也誤解佛道需要修什麼。事實上完全不是那回事，生起出離心意思是超越痛苦。一般人以為享受美食跟貪美食是同一件事，因此出離心指享受美食是錯誤的，甚至連吃東西都不應該；他們冷得要死時，想要暖和，認為出離心指的是要冷得直打哆嗦，想得到暖和是錯誤的。事實上，他們推斷佛教徒必須過著異常嚴峻的生活。

我記得有次耶喜喇嘛在墨爾本大學，跟幾位教授及學生談到貪心造成的諸多問題，聽眾對於耶喜喇嘛所說的內容感到十分訝異，到了問答時間，提出很多問題，例如人無貪怎麼還能活下去？人無欲怎麼會過得快樂呢？出席的學生相當聰慧，好奇心十足，我看他們從原本習以為常的觀點，從社會規範的角度來看事情，轉變到開始發現耶喜喇嘛論點的真實性，這轉變實在很有意思。

事實上，佛教沒打算說任何享受都是惡的，佛教沒有想讓我們過得更不開心，正好相反，佛教的目標是讓大家變得真正地、深深地感到快樂，這種快樂不同於一般人追逐的享受，道理很簡單，「貪」或稱作「欲」，不管我們怎麼稱呼，都是種痛苦。緣取的對象本身不是痛苦，擁有東西也不是痛苦，享受也不是痛苦，但是對於緣取對境產生貪，就是痛苦了。我們會期待某個對境帶來快樂，我們也想要那快樂，接著我們對那對境界生起了貪，這種貪讓人心煩意亂，煩躁不安。快樂的定義是覺得平靜，所以快樂跟貪是相反的，兩者不會同時共存；快樂是內心安住在於心滿意足，而貪則是內心隨著心煩意亂的煩惱。簡單來說，貪是內心處於不滿足的狀態。宗喀巴大師在《菩提道次第廣論》提到：

想從追隨貪欲得到全然的滿足感，是輪迴中最痛苦的事，不管你跟著欲望多緊，下場只會帶來更大的痛苦。[71]

我們想從某物得到快樂，但那東西無法滿足我們，於是我們再找其他東西，結果仍是不滿意，一直持續追逐得不到的滿足感。如宗喀巴大師說過：「追逐欲望，痛苦不絕。」輪迴的本質就是如此。我們購買一輛新車，不知怎的，本來指望新車能帶給我們快樂，似乎不是這回事，過了一年，我們心想：「啊！要是能換一輛更大更新的車，我就會開心了。」這種事情沒完沒了。另一方面，一旦不再追逐欲望，卻能找到滿足感，惑心停了，痛苦也隨之停了。

如我們所知，財富跟快樂之間不是正比關係。如果是的話，我們擁有愈多錢、愈多財產，理當愈快樂才是，以此來看，百萬富翁會比窮人快樂百萬倍。當然事實並非如此。

如果隨著我們更富有的同時，也提升內心的平靜、減少煩惱的話，那麼百萬富翁也能證得出離心、菩提心、空正見，乞丐還不見得辦得到；如果對於獲得證悟，教育及聰明頭腦比財富更重要的

71 參閱《菩提道次第廣論》英文版，第一冊提到的不滿足過患（輪迴六苦之一）。

話，那麼受過高等教育、聰穎的人能獲得證量，而沒受過教育的人卻辨不到。

不瞭解獲得快樂的因，會很容易尋錯方向；不知道惡行導致痛苦，會做出傷害自他人的行為。搶銀行的人頭腦很清楚：他想要錢，銀行有錢，去搶銀行就有錢了。要是他逃過法網，看似搶銀行惡行讓他搖身變成有錢人，實際上，他之所以得到錢是往昔善業導致，偷竊這件事只會感得苦果。

相同地，我們看到有錢的屠夫，便認定對方有錢是因為做屠宰業的關係。或是看到剝削他人讓自己飛黃騰達的生意人，對於不瞭解業果的人而言，會認為因果關係是如此，事實上正好相反。通美桑波尊者在〈佛子行三十七頌〉提到：

一切妙欲如鹹水，任己受用渴轉增，
於諸能生貪著物，頓捨卻是佛子行。[72]

通美桑波尊者這位大菩薩，在此偈頌清楚解釋追隨欲望的過失。世人平日心神都花在享受上，期待自己做的每件事會帶來滿足感，事實上從來沒滿足過，不論再怎麼努力想獲得暫時的快樂，永遠填不滿欲望。追隨欲望，就永遠得不到滿足感，所以為了這件事做的努力也無止盡，會一直努力尋覓根本找不到的滿足感，這便是有情在輪迴流轉不停的樣貌。在這裡跟喝鹹水的例子一樣，喝進愈多鹹水只會愈渴，喝鹹水不可能止渴。我們為了解除欲望而跟隨著貪，只會讓欲望愈來愈高漲。貨真價實的快樂指的是內心平靜，和貪欲恰好相反。藉由降低貪心，就能減輕不滿足感，因此

72 第二十一偈。

會更為平靜快樂；藉由減少自私自利，我們對其他人敞開心胸，由此能自然又輕鬆得到真正的快樂。

認為快樂等同於擁有物質受用，這種想法誤解了快樂的主要因緣；要是我們瞭解業果，會明白，擁有物質受用並非朝向快樂的道路，善業才是。想要得到快樂，新車是助緣並非主因，如果我們想擁有新車的動機是不善的話，例如動機是貪心，那麼就是在造下痛苦的因，而非快樂的因，遲早那輛車會讓我們失望。車子永遠不會是快樂的因，但是車也不是不快樂的因，真相是貪心背叛我們，貪心跟我們打包票能得到快樂，開的卻是空頭支票。

要是我們看看自己擁有的東西，甚至是結交的朋友，會發現，在這些吸引我們的外在，賦予他們「從自身擁有美好特質」這種假象。由於我們對好友的貪心，好友看起來似乎會永遠如此美好，事實上不是如此。就算是我們都看得出來朋友會變，有時朋友沒有那麼美好了，有時朋友做的事讓我們覺得很煩，對方魅力盡失。我們對什麼有欲望，那對象呈現出來的獨特之處，都是由我們貪心創造出來的幻想。對象本身並不具備能讓我們快樂的能力，然而自己的貪卻會導致不滿意、失望，最終落得投生在三惡道。

除非能明白這一點，否則永遠在追逐外在對境，誤以為外在對境能讓自己快樂。當然，外在對境不單指物質財產，也包括權力、名聲、令人愉快的經驗、事業成功，這些都是虛情假意的朋友，只會開空頭支票，沒有一個能實現身而為人的意義。就算擁有了不起的禪定力，除非禪定力作為讓自己成為更善良的人，否則仍屬於貪，有天終將讓人失望。或許能從無動搖的禪定力得到神通，通曉過去及未來多生多世，還能飛來飛去，但這種能力依舊不是生命的意義。

世俗成就無意義可言，我們有可能獲得各種神通力量，但這要如何饒益有情呢？就算能飛上月球，或成為首位登上金星的人，除非這種力量放在有助益的目的上，能幫助有情，除此之外，有神通力只是虛有其表。想想世上頂尖科學家，他們投注多少心力在修心呢？他們花了多少錢受教育？花了多少錢作研究？除了極少數之外，大部分科學家只為如何讓世界科技日新月異，或者對化學有更多瞭解，這些都能讓物質突飛猛進，卻沒有一項能讓我們更快樂。

如果我們事業有成，權力伴隨而來，人人讚不絕口，想跟我們作朋友，這是過去善業的果報。正如我之前提過，外在條件屬於順緣，不是主因，主要由業決定。這就是為何有些人學歷顯赫，卻找不到工作，或者明明能靠與眾不同的產品大發一筆，最後仍一敗塗地；如果此人沒有造下會成功的業，不管多麼優秀或者擅長發明創造，終究功虧一簣。

我們幾乎是出於本能反應，習慣只擔心短期的、一己之利的事，結果變成漠視證得佛果此長期利益。要是我們被蛇咬了，一定會驚恐萬分，為了能活下去，樂於忍受注射血清的痛苦。我們很願意為了避免受到更大的痛苦，忍受當下比較輕微的痛苦；但我們還沒準備好為了要在來世體會真正的快樂，因而要忍受由捨棄對世間欲樂的貪而出現的困難。貪世間欲樂遠比被世上第一毒蛇咬還更糟糕，痛苦遠遠更甚。

目前極度渴望一丁點快樂，不願意受到少許痛苦的話，就是選擇未來沒有快樂，只有不可思議的痛苦。會這麼做的人，實在無知極了，特別是學佛修行不只保證未來快樂，甚至當下體會到的快樂，遠遠超越世俗東西帶給我們快樂的程度。

我們已明白佛法的意義，佛法能拯救我們離於痛苦；相反地，懷著貪、嗔、癡或其他支分煩惱，像是嫉妒、惡意等等諸多煩惱所做的任何事情，只會擾亂內心，這些煩惱本身就是痛苦，還是造成未來痛苦的因。不是說因為我們喜歡吃東西，就再也不能吃了。

一旦我們清楚俗事只會浪費生命，要不斷反省動機，看看一天當中做的事情，哪些屬於善行，哪些屬於惡行。做哪些事情時內心處在無明、貪求今生快樂，做哪些事情則帶著解脫輪迴或者成佛念頭？或許每天就寢前要做這項反省功課，應當回想從一早起床開始做的每件事，判斷這些行為是善或惡？做哪些事情的動機只追求今世快樂？喝的第一杯茶、吃早餐、開車上班、跟同事說話、買東西等等，有哪些行為的出發點不是為了一己之利？

我想，要是誠實評價每一天，一定會嚇壞了。我們做的大部分行為其實是被貪心，以及想要獲得世俗快樂所驅使，直覺地想舒舒服服，只為自身利益作盤算。遍行的貪比較細微，我們必須去對治遍行貪，將之斷除，不過要做到這一點，需要時間。

世間八法

回顧人生，會發現：我們有此珍貴機會，卻浪費許多時間，真令人沮喪不已。不過也不需灰心喪志，相反地，要留意到自己仍擁有這不可思議的潛力，由此下定決心，從這一刻開始，永遠不再浪費任何一秒。

我們是怎麼浪費人生的？由追逐世俗之樂。這部分在世間八法教法有解釋過，也就是八種貪的對境，其中四種是渴望擁有的，另外四種是渴望不要有的，整個輪迴就在於世間八法。要是能好好檢視世間八法，看看世間八法如何主掌自己的人生[73]，這麼反省會很有幫助。世間八法即是：

1 渴求物質受用
2 渴求物質受用無有乏少
3 渴求樂及舒適
4 渴求無不樂及不舒適
5 渴求好名聲
6 渴求無壞名聲
7 渴求得到讚譽
8 渴求不受批評

此暇滿人身只花在貪求世間八法，竭盡全力追求輪迴欲樂，這種行為就像拿充盈各個宇宙這麼多的珍寶交換大便。不過，大便倒是能作為肥料或對昆蟲有用，就算像污穢大便，還是比貪有用處多了。

輪迴即是苦，我們雖然想離苦，卻為了輪迴賣力，確保自己有一切的貪及無明，可以把自己永遠留在輪迴。沒辦法在輪迴又同時脫離輪迴，每次做的行為，如果不是能讓我們離苦，朝向真正快樂的善行，就是導致我們受到更多痛苦的不善行。如果受貪欲控制，則不可能出離輪迴。一旦仔細反省自己到底在貪些什麼，會發現是世間八法其中一項或二項以上。

73 參閱仁波切著作《為什麼要在乎？》。

偉大的蓮花生大士（Padmasambhava）[74]說過：

不論我們在輪迴多拚命，不可能有結束的時候；但我們努力在學佛修行上的話，會有結束的一天。即便一開始為輪迴做的努力，會得到比較多的利益，但這些利益不會持續下去，而學佛修行的利益永不耗盡。

蓮花生大士的話千真萬確。我們從無始以來的生生世世，都是為了輪迴享受而努力，但是這工作還是沒告一段落。為了擁有快樂人生，我們已經買過無數的東西，但仍覺得不夠，還需要更多才行。我們已經非常努力讓別人尊敬自己，自己名聲遠播，但我們還是要繼續努力，絲毫鬆懈不得。我們已經盡力把自己生活過得儘量舒適了，但還是無法坐下來休息，好好享受人生，還是得不停工作，才能維持下去。

輪迴工作無始無終，要是追隨世間八法惡念的話，這些工作永無止盡，一旦想要餵養的對象是貪得無厭的欲望，怎麼可能有結束的一天呢？

相反地，應該要努力從貪變成不貪，從關心己利變成慈悲為他，儘管一開始學佛修行要非常努力，進步愈多，代表之後需要努力就愈少，最後一旦證得佛果，就不需再努力了，得到永恆持續的快樂，跟世俗工作完全相反。

在輪迴的努力，可能短時間有一點點快樂，但這種快樂肯定會耗盡，接著又要繼續努力獲得多

74 第八世紀的印度密續大師，主要將佛教弘揚至西藏的人，創立寧瑪派，受所有藏傳佛教徒的尊崇，尤其是寧瑪派追隨者。

一些輪迴快樂，這就是輪迴快樂的本質。我們曾有過一段關係，但關係已結束了；我們有過獲利的生意，之後卻宣告破產；我們本來名聲很好，卻有人詆毀我們。不管我們貪的是什麼，一定會結束，我們因而感到不滿，這就是輪迴對我們做的事。佛法完全不是這樣，我們從學佛修行得到的快樂是：愈是修行，快樂愈增長，而且這種快樂永遠不會結束。

俗事沒有意義，希望獲得輪迴快樂去做的每件事，都是空洞無價值、虛假不實的，只會把我們騙得團團轉。要好好檢視自己如何被世間八法主宰：我們會貪求讚美嗎？是否討厭被批評呢？新東西對自己有多重要？職場成功是生命天大要緊的事嗎？我們需要像這樣子一一檢視世間八法，看看人生需要做什麼改變。

我們容易情緒起伏不定，也都是世間八法的錯。一早醒來時還開開心心的，去上班途中發生一點小事而頓感沮喪，像是有人沒對我們笑，或者車子半途拋錨。每件事永遠必須是「好事」，無法忍受絲毫不愉快的事發生在自己身上，這就是我們的人生，由於世間八法念頭，心情起起伏伏，情緒上上下下，從一邊極端跳到另一邊極端。就算世間八法在一開始看似不錯，就像是在賽馬支持速度最快的那匹馬，或在足球賽支持最有希望贏的球隊，到最後我們老是淪為輸家。

遠遠地看輪迴人生，會覺得輪迴生活很怪異，除了少數人之外，幾乎所有人懷的動機跟天上飛的、地上爬的動物無異。人類跟動物做同樣的事，只關心今生舒適。看看購物血拼的人、開車的人、上上下下，前進後退，一直忙忙碌碌，日日夜夜，每個人都在做些什麼事呢？為什麼大家如此努力工作著？他們內心在想什麼呢？其實想的都一樣：想獲得今生舒適。他們真的忙得要死！達賴喇嘛尊者去某城市，那裡大部分的人都太忙了，忙到沒時間去見他，可是從來不會忙到沒時間購物或到酒吧喝上一杯。

我在飛機上有時會觀察其他乘客，其他人必須在機上動彈不得好些小時，仍然可以忙個不停。每個人在機上都有個人小世界，不是坐著吃東西，不然就是閱讀或者工作，但內心似乎飄走了，忙著鎮守著他們認為任何屬於「我的」輪迴快樂，看起來他們對於做無意義的今生之事，感到樂此不疲。看起來沒有任何乘客能稍微瞭解善跟不善的差異，不管他們穿得多體面，不管吃著多麼美味的食物，對我而言，他們看起來過得很不自在，就像得了皮膚病，想搔癢處卻搔不到；或像是卡在陡峭山壁的羊，由於有墜崖的危險，以致於無法再往前一步。

最令人悲傷的是，這一切真確不虛，他們真的站在懸崖上，險些快掉下去了。如果輪迴快樂這麼好，為什麼他們不是平靜輕鬆，反倒焦躁不安呢？我看著他們，為他們感到哀傷，就像眼睜睜看著朋友穿越搖搖欲墜的險橋，自己卻幫不上忙。

不能被輪迴舒適的表面給蒙蔽了，要看到表面下的危險性，要明白輪迴舒適正如塗在刮鬍刀片上的蜂蜜。我記得以前曾看過有部關於太空旅行的電影，這部電影對我的啟發很大，不是啟發我想去太空旅行，而是要學佛修行。

人類能登上月球，絕對付出驚人的努力，多年來孜孜矻矻，投入大筆經費、有這麼多科學新發現，那幾位太空人漫步月球時，好比實現了驚人的壯舉。不過，你再想想，太空人登上月球，是懷著無明、嗔、貪這三毒煩惱，返回地球也是心懷這三毒煩惱，那麼登上月球有什麼值得去做嗎？經過各種研究、砸下大筆金錢，付出所有心血，到後來沒有提供我們斷除絲毫無明、嗔、貪的方法，太空人沒有帶回智慧，不過帶回來月亮上的幾顆石頭而已！如果他們把一點心血拿去做有意義的事，像是致力生起慈悲心，可能已經有了不起的進步。但他們沒這麼做，浪費了珍貴良機。

沒有什麼比世間八法念頭更有害，世間八法念頭把我們束縛於輪迴，一旦我們想要做些有價值的事，世間八法念頭就不知不覺地冒出來擾亂我們，給我們看有新的五欲，但這只是虛情假意對我們保證會得到快樂，這麼一來，真正值得去做的事就永遠擱置一旁了。世間八法念頭讓我們想禪修時內心起了散亂，引起內心猜測工作上等著我們的事，或回想起剛過的美好假期；世間八法念頭也告訴我們，自己現在累得沒辦法讀佛書，應該先看一下電視節目。

還有想要過得舒服愜意、想擁有很多東西、想結交朋友、想得到誇讚、想得到好名聲，以及免於不舒適、貧窮、責怪、壞名聲的話，我們就落入了這些陷阱。世間八法念頭把我們困在永無止盡的工作裡，永遠不讓我們內心轉向佛法；世間八法念頭讓我們忙得焦頭爛額，忙到沒時間意識到我們這麼多的需要，多麼有破壞性。世間八法念頭對學佛修行可說是最強的散亂，也最浪費暇滿人身。

世間八法念頭甚至比「我執」這種邪見更有傷害性。我們或許有這種基本邪見：認為「我」自性存在、獨立存在，即使如此，依舊能捨棄不善行；就算對於「我」的覺知是錯誤的，依舊能修布施及其他善行，仍保證會有好的來生。直到我們證得佛果，才會完全斷除極微細的我執邪見，意思是：就算是有邪見，還是能獲得解脫，不過有世間八法念頭的話，連出離輪迴都辦不到，更別說解脫跟成佛，根本不可能辦到。

成佛要靠菩提心，菩提心是為了饒益一切有情的無私大願，而世間八法念頭完全背道而馳，這種念頭只求自己的今世快樂，帶著這種心就注定在輪迴，就算是投生善趣都是痴人說夢。

就像有水就沒火，追求今生的快樂，就不是追求解脫；要獲得解脫及成佛，需要造下解脫跟成佛的因，只要我們造下的是繼續輪迴的因，不可能達成究竟的目標。

世間八法念頭甚至毀了我們今生善行，例如，我們可能想要慷慨布施，像是布施給慈善團體，但在這行為背後的真正動機，卻是想要讓別人認為我們是好人，真正的動機是在貪求美名，所以有可能屬於善行的布施，因為暗地的壞動機而變成不善行。

一旦我們瞭解這種「我的快樂」的需求在主宰自己的人生，自己會為了得到想要的東西，不惜傷害他人，就能很容易地延伸到每個人身上，看到整個社會的問題就是源於此，造成戰爭、衝突的原因就是在此，環境災難也是源於此。我們把自己短期利益的需求，放得比其他人（包括自己）長期利益更前面。

沒比動物好

如果我們跟隨世間八法念頭而浪費了有大好前途的人身，那麼我們其實沒比愚笨的、自私的、不知如何離苦的動物好到哪裡去。動物不知道怎麼擺脫痛苦，人類可以，所以要是懶惰到不做任何事，實在太令人震驚了，沒有比這更無知。

事實上，我們一般做的事情並沒有「更高尚」，我們努力工作只為了獲得世間享受，避免世間痛苦，動物也是這樣啊，所以人跟動物沒有差別。要是我們觀察自然界，會發現就是這樣，自然界的生物，舉凡每條魚、每隻鳥、每個動物或昆蟲，做的事只為了獲得今生快樂，避免今生痛苦，那麼我們跟在河裡游的魚，或築巢的鳥有什麼不同嗎？我們可能有比較多的東西，可能比較進步，我們可能認為自己更高等，事實上我們跟在地上爬的生物，或鑽進我們衣服的蟲子都一樣。

我們從電視節目上看到頌揚人類達到的各種成就，人類發明飛機，不過鳥比人類還更會飛，又有什麼不同呢？動物之間弱肉強食，人類也如此；動物會為了保住巢穴而打鬥，人類也如此；很多動物獵殺其他動物，很多人類做一樣的事，人會殺其他人的目的還不只是為了食物。

動物求生及防禦技能比人更好，我們自認擅長得到想要的東西，但是老虎是更厲害的狩獵者，平常沒獵殺時，看似惹人憐愛的大貓，但老虎在獵捕鹿時，凶猛異常。印度的鹿嚼著長長的草時，外表看似沒有防禦力，但其實鹿的防禦力也是技巧高超，仔細觀察，一旦鹿警覺有老虎出沒，會警告彼此，在逃跑及躲避時技高一籌，就在老虎撲上去的當下，鹿突然改變方向，躲過一劫。鹿也是鬼鬼祟祟的，我記得在華盛頓閉關中心附近的一戶鄰宅，有些鹿總是到那戶人家偷吃鳥飼料，母鹿還教小鹿跳過籬笆，到餵鳥器的地方偷吃飼料。

無論身在何處，都是尋求今生享受，做的任何事受貪心、無明、嗔心驅使。我們當中有多少人能說自己沒有三毒煩惱？不論我們在辦公室裡、搭飛機、在海灘做日光浴，這些跟魚在水中游、鳥在天空飛或蟲在底下鑽有什麼不同呢？外型有所不同，除了樣子之外，本質半斤八兩。

如果我們在軍中，或許對自己的紀律感到自豪。說實在的，螞蟻的紀律性還遠比訓練最精良的軍人還強。螞蟻真的很令人嘆為觀止，小小身軀卻凶悍勇猛，我有次在電視節目看到一群紅螞蟻跟黑螞蟻互相打架，如假包換的大戰，以近距離鏡頭拍攝，我很確定看螞蟻打架比看足球比賽更刺激多了。或許我們自豪自己是勇敢的人，但是螞蟻發現有頭大象威脅蟻穴，螞蟻甚至會群起攻之。不過，勇敢不是生命的意義，歷史上有很多人勇氣十足卻也相當殘暴，希特勒的士兵或許很勇敢，卻殺害了數百萬人。

或許我們自詡有過人的恆心毅力，連最繁重的工作都能勝任，但程度上根本比不上昆蟲，以及整個夏天蒐集食物準備過冬的松鼠；或許我們自認偷竊功夫比動物高段，但其實有很多動物是竊盜高手；人類甚至連邪淫這件事都比不上動物。我們具有不可思議的能力生起惡意，就算是最低等的昆蟲也辦得到；有動物貪婪成性，相當熟練於囤積及儲藏食物，世上最一毛不拔的人相形之下都算慷慨大方。

西藏有很多跟老鼠有關的故事。寺院要舉辦法會（puja）時，僧人會利用糌粑粉及奶油，製作精美莊嚴的食子，並把食子供上佛堂。就算僧人盡一切可能不讓老鼠靠近食子，道高一尺，魔高一丈，老鼠會趁四下無人時，偷偷摸摸溜到食子後面，咬下食子後半部，食子的前半部仍完好如初，事實上，有一半都被老鼠吃下肚了。人類對自己的奸詐狡猾感到洋洋得意，動物其實一樣聰明，也能是詐騙集團，甚至也有政客。

朗日塘巴（Geshe Langri Tangpa），這位噶當派格西，主要禪修眾生痛苦，因而得到「鬱臉」綽號，據說他一輩子只笑過三遍。有次是當他在洞穴禪修時，看到一隻老鼠從曼達拉（mandala）盤拿走了一些米粒，這隻老鼠還想搬走一大塊綠松石，太重抬不動，牠先離開，找別的老鼠來幫忙，一隻老鼠躺著，其他老鼠把綠松石放在躺著的老鼠肚上，牠們一起拖著這隻老鼠的腳回鼠窩，終於到了洞口，發現那塊綠松石太大了，進不去洞口，只好把綠松石留在洞口。格西看到這畫面便笑了。

老鼠在為今生快樂做的努力其實相當聰明，即便沒上過學，牠們天生就是偷竊專家，不管一棟樓有幾層，哪裡有食物，老鼠就是知道怎麼爬上去偷走食物；老鼠也很擅長欺騙其他有情，另外要是有人傷害老鼠，牠們也會以牙還牙。

我不確定下面這則故事是不是老鼠的報復。有次在柯槃寺，有隻老鼠把我披在肩膀上的披單（zen）咬了洞。柯槃寺向來有鼠輩肆虐的問題，食物被偷，出現老鼠屎，有些僧眾試著趕走老鼠，經過一陣子大費周章驅鼠後，僧眾以為老鼠搬家了。那時我有件披單，是最早期的學生——穆姆麗・麥克斯（Mummy Max）特別做給我的，耶喜喇嘛跟我當時要去日本，當時氣候炎熱，麥克斯做給我的披單質料特別輕盈，她將披單折整齊，放在我的櫃子裡，打算讓我帶去日本使用。幾天後，我把披單拿出來，發現有隻老鼠啃了披單，看起來是個小洞，將折疊好的披單全展開後，發現不只一個洞，一樣形狀的洞有四或五個。我們曾經傷害過那隻老鼠，所以牠反過來糟蹋我貪的東西。

在西藏有老鼠知道怎麼蒐集小小的甜植物，像葡萄乾，老鼠把小甜食集中放同一地方，真的很機靈。不幸地，有人發現鬆軟的地面藏著這些食物，人全挖走了。

我們愛吃的蜂蜜都是來自於蜜蜂辛勤工作，人只是等著，等到蜜蜂做完工作，然後人偷走蜂蜜。蜜蜂為了此世快樂而蒐集，我們為了此世快樂而偷走。

我年幼時有兩位老師教我藏文字母，我必須從一大清早到晚上，整天不停學習閱讀經論，唯一的休息時間就是外出小便時，有時候老師也會讓我有一小時自由時間。我們住的房子很簡陋，裡頭住了許多蜘蛛，我常放著經論不讀，跑去觀察那些蜘蛛。我很驚訝地發現，蜘蛛補蒼蠅的技術實在高超。蜘蛛不會在網子中間乾等，而是守在角落，像在牆的缺口或其他地方，牠們在那邊等著，直到有蒼蠅被蜘蛛網整個纏住；接著蜘蛛快步移到蜘蛛網，吃掉蒼蠅，總是從身體底部開始吃，由下往上，吃到剩下頭跟翅膀為止，且會把頭跟翅膀丟棄，就像從飛機上拋下東西。有時候我會作弄蜘蛛，往蜘蛛網丟東西，蜘蛛一旦發現網子上的東西不是食物時，會一溜煙跑掉，回到安全之處。

我們還更技高一籌，想吃肉，用不著親手殺，讓別人做這件事，我們從了無意義的工作得到酬勞，付錢買肉；也有動物跟我們一樣，像是耕田的、載運的動物，這些動物付出勞力得到食物，不用直接獵殺動物。在馬戲團跟動物園的動物亦然，就像有些人講笑話維生，馬戲團大象跟驢子的表演，觀眾看得呵呵大笑。老虎通常很凶猛，卻可以站在椅子上，跳過圈圈；海豚躺在沖浪板上，搖搖尾巴對大家說再見。所以，不只是人類會自我愚弄。

除非我們找到生命更高層次的意義，不然我們跟動物並無不同，而且在很多方面還比動物低下。我們名為「人類」，體型不一樣，並不會比最低等的動物還高等；人類能理性思考，以此能力瞭解善跟不善的差異，但要是只把生命花在追逐世俗享受，就喪失了稱為人類的權利。

不過，有一點我們倒是要跟動物看齊，不是動物的勇氣或聰明，也不是動物會保護地盤或以牙還牙，而是以下這例子。像狗一口咬住食物後，狼吞虎嚥，深怕食物會不見，或者之後再也沒東西可吃，如果狗確定自己隨時都能獲得足夠的食物，牠就會輕鬆了，但狗害怕失去牠很珍惜的東西，感到憂心忡忡。相同地，我們應該視暇滿人身猶如珍貴無比的東西，必須貼身緊緊保護的珍貴之物，在我們還有暇滿人身時，應該要攫取這獨特學佛修行的機會，再怎麼樣都不要放手，千萬不要滿足一小口，永遠想要更多、更多。

浪費過去世、今世、來世

浪費相當珍貴的人身，從三方面來看，比損失充滿宇宙的珍寶，更是無數倍的損失：

1過去努力付諸流水

2浪費所有來世

3浪費今世潛力

為了獲得此暇滿人身，我們已經在無數過去世辛勤持戒跟布施，除非我們能在擁有此人身的時候，發揮曾經這麼努力才得到暇滿人身的潛力，不然一切只是白費一場。不光如此，浪費此暇滿人身，也會毀了獲得更好來世的可能性，就像中了樂透彩券卻不想兌換彩金，我們浪費了這了不起的潛力，保證自己來世會受難以置信的痛苦。最後一點，浪費現在，沒有利用每一刻發揮充分的潛力，我們反倒整個虛擲掉了。此暇滿人身就像是高機能土壤，浪費了這土壤有的可能性，就像是種下了焦種，一切努力得不到任何回報。

譬如有位父親為了要買金環送兒子，拼老命工作，攢下薪資能存的每一塊錢，存了很久，節儉度日多年，然後父親送給兒子這金環時，這不知感恩的小子卻把金環丟到馬桶裡，父親會作何感想？當然，這個例子只是比喻浪費過去的努力跟現在的潛力。另外，浪費暇滿人生，也就浪費無數未來世的可能性。

明白我們從過去、未來跟現在這三方面浪費生命，這種理解對我們很有助益，因為它證明了做這種事真是天大的錯誤：浪費此刻已經夠慘了，浪費我們過去做的一切努力才擁有的現況，更是悽慘。接著，浪費此世的話，保證未來會受到不可思議的痛苦，更是不可思議的悲慘，怎麼會想到做出如此愚蠢的事呢？

要是我們能體認到自己過去毋庸置疑付出極大辛勞，造下此世得暇滿人身的因，就會清楚瞭解到，把此世視為理所當然，是多麼幼稚的想法。能得到具足八暇十圓滿的暇滿人身，必須是我們過去許多世，同時精勤持戒及布施，加上無垢發願，才能帶來現在我們體驗到的這種果報，現在可不是放鬆的時間。

我們應當反省自己對這個珍貴禮物抱持什麼樣的態度，如果我們看到自己被動接受此人身，當然會發現到自己在浪費此人身。我們此世有像過去世那樣如法持戒，保證之後會有現在這般的投生嗎？我們現在有修布施，就像我們過去世那般，為的就是造下我們現在擁有人身的因嗎？為了再得暇滿人身，我們是否依然有發下清淨的發願呢？要回答這些問題，必須要非常謹慎反省，看看內心的狀態為何。

我們「已得」暇滿人身，應該要認知到一點：我們應當不斷對此有所感受並且時常隨喜。否則沒辦法造下快樂的因，反而是造下痛苦的因。

大家都想要快樂，別人請我們喝杯咖啡或吃冰淇淋，或是我們賺到一塊美金利潤，這些事情都會讓我們相當開心，覺得「真的好棒啊！」是因為，我們不知道到底什麼才真正重要，我們可以體會一杯咖啡、冰淇淋及一塊美金利潤帶來的享受，卻沒看到造下來世再得暇滿人身因緣的重要性。

一旦能夠捨下對享受的貪心，才會具備《上師供養法》（Lama Chöpa）以下偈頌的態度：

惟願加持斷除將生死，難忍如獄視為樂園心；
然後因守三學聖財庫，進而握持解脫勝利幢。[75]

有了出離心，世人視為的享受，我們視如烈火中心，如毒蛇窩，如坐在針尖上頭，如被鐵絲網纏綁。繼續活在妄念裡，等於完全白費之前辛辛苦苦才得到此世所付出的努力。而且，浪費今生，唯一的結果不是投生善趣，而會是在三惡道受不可思議痛苦。偉大的班智達月稱論師（Chandrakirti），對於這一點曾說過：

「如果你已擁有能證得佛果的暇滿機會，卻沒有跟隨佛道，而墮落三惡道懸崖，受他人控制，那時有誰能拉你上來？」

此時我們沒有投生在三惡道，不在沒辦法幫助自己的三惡道環境中，我們現在有完美的嚮導，指引我們道路；我們還擁有一切順緣，能夠將這些指導付諸實踐。要是我們不在如此稀有難得又不可思議的良機下幫助自己，最後落得投生三惡道，屆時沒人能幫得了我們，連自己也幫不了自己。因此，在可怕的事情發生前，要盡力避免發生。我們現在是找到珍寶的乞丐，一定要善加利用此珍寶，確保自己未來得到快樂。

75《上師供養法》第八十八偈，「三學聖」指戒定慧三增上學。

天下第一傻瓜

寂天論師在《入菩薩行論》提到：

既得此閒暇，若我不修善，自欺莫勝此，亦無過此愚。[76]

有了暇滿人身後卻白白浪費掉，這是天底下最無知的事，是世上最大的騙局、最大的蠢事。就如動物一直被自身無明所束縛，要是浪費能得到快樂的機會，等於是把自己關在無明跟欺騙大牢；如果我們繼續做得跟動物一樣，在我們有機會能防止痛苦的時候，卻只造下不善業，無疑是天底下最愚蠢的事。龍樹菩薩在《親友書》提到：

誰以寶飾之金器，清除骯髒嘔吐物，
轉生為人造罪業，與之相比更愚蠢。[77]

龍樹菩薩在此處提到，拿精緻、鑲著珠寶的金器裝嘔吐穢物這種蠢事，遠遠比不上拿僅獲一次此暇滿人身造惡。

日常生活犯的各種錯誤中，此錯誤最為愚蠢也最嚴重，會讓我們投生三惡道。當我們在如此容易避開的情況下，竟然還去造惡，沒善用此暇滿人身，好比商人冒著生命危險到遙遠他國，發現自

76 寂天（二〇〇四）。《入菩薩行》。如石：諦聽文化。第四品，第二十三偈。
77 第六十偈。

已到了四處堆滿珍寶的島上，卻雙手空空離開。島上隨處滿是珍寶，地上、樹上、水裡，珍寶唾手可得，商人大可以將能想像到最珍貴的寶物裝進船載回家，搖身一變成為世界首富，相反地，他居然連一樣珍寶都沒拿，轉身打道回府，留下滿島珍寶。

如果這比喻聽起來太瘋狂了，比起我們現在做的事情，這比喻一點也不瘋狂。我們擁有暇滿人身卻不善加利用，不只沒有利用黃金般的良機，而且我們現在做的事情還更糟，不只像那位商人兩手空空回家，而是竟然用不可思議的良機造惡，保證自己會多劫在三惡道遭受令人無法忍受的痛苦。

跟投生暇滿人身的因相比，我們必然造下多不勝數投生成蟑螂或烏龜的因，看看自己每天造的業，恐怕該學蟑螂的語言，好為下一世做準備。我們有這麼珍貴、這麼了不起、各特質皆具備的身心，卻對待這般身心像廁所衛生紙。

已經有學佛修行的機會，卻不好好把握，這就像看到地上有個大洞，還是個直通地獄熊熊焰火的坑，卻毫不遲疑往深洞跳。要是目睹某人沒有特別原因下跳進深洞，我們自然地會奇怪為何對方會做出這種事，難道對方酊頂大醉嗎？還是嚴重肢體障礙呢？或者被鬼怪干擾呢？我們縱使想破頭，也想不到對方居然是刻意跳下洞。如果存心跳進直達地獄的洞，這種行為令人費解的話，那麼我們現在正在做的事——忽略暇滿人身已給我們的各種機會，豈不更令人費解？

因為我們沒學過開車，或者對做生意一竅不通，或許有人會因而嘲笑我們，罵我們是蠢蛋。世人認為不會這些事情是傻呼呼的、無知的，但寂天菩薩說，世上最極致的欺騙、最大的蠢事，是擁有不可思議機會卻不善以利用。他在《入菩薩行論》提到：

若我已解此，因癡復怠惰，則於臨終時，定生大憂苦。78

有朝一日，不知是何日，我們一定會死，如果不趁現在還有自由的時候，為死亡做好準備，屆時將心懷大苦，嚐到無法想像的痛苦滋味而離世，在那一刻，再也沒時間學佛修行。接下來，不管有多懊悔，也不論多麼悔恨白白浪費這個不可思議的珍貴人身時光，什麼也阻擋不了我們墮入三惡道受可怕痛苦。只有現在，只有在我們還擁此暇滿人身之時，能避免來世投生三惡道，確保自己有快樂來世。

◆擷取人生精要

遠離俗事

人類擁有許多其他有情缺乏的有利條件，而絕大多數人欠缺像暇滿人身這麼多殊勝的有利條件，我們真的極為幸運，這是千萬連一秒鐘都不要浪費在跟隨世間八法念頭的原因。

世上一切物質財富的價值總和跟此暇滿人身相比，前者根本比不上後者；世上百貨公司所有商品、全部銀行的所有金錢、世上一切珠寶跟黃金，以上總和跟暇滿人身相比，就像垃圾不值錢，沒

78 寂天（二〇〇四）。《入菩薩行》。如石：諦聽文化。第四品，二十四偈。

有絲毫價值。世人把人身變成了物質享受跟世間八法念頭的奴隸。學佛修行每一秒產生的財富，比等同世上原子數量的鑽石更具價值。

追隨修行道路，必須犧牲眾多輪迴享受，別人看了，在背後嘲弄我們。

就算如此，為了佛法，即便要忍受各種困難，仍是不可思議值得，而且這些困難跟世人為了輪迴享受而忍受的困難相比，其實不算什麼。世人為了輪迴享受，一輩子耗費四十年、五十年、六十年，但是輪迴享受持續不了幾年。修行人要忍受的困難不只為今世快樂，而是為永恆快樂，為下輩子、下下一輩子的生生世世，直至永遠。

一旦相信「輪迴享受才是唯一的快樂」這種迷思，在學佛修行過程會總是遇到問題，必須要以破釜沉舟的決心離開輪迴，因此，瞭解道次第實為重要。

一切在於動機，動機重要性無可復加。我們每一秒累積在心續的習氣，並不是依於行為，而是行為背後的心，動機促發行為。所以，每天一開始，應該生起強烈動機：「今天一整天，我只做善行。」做每件事時，特別要心懷「為了一切有情而決心非成佛不可」的菩提心，就能設定好自己去過相當有意義的一天。接下來，如果可能的話，做每件事情之前，應當檢查自己是否還心懷相同動機，這麼修的話，實際上就是：我們如何從善跟不善做出關鍵性的抉擇。帕繃喀大師曾說：

「要是清楚此暇滿人身的殊勝意義，還能感受到擁有暇滿人身非常困難，不可能活著卻不學佛修行。浪費暇滿人身一剎那，感覺損失極大。思惟死亡，能為今世到來世的旅程做好準備；思惟業果，能從漫不經心變成對每件事都小心謹慎。」[79]

波多瓦格西（Geshe Potowa）也說過類似的話：

「一旦明白今世擁有暇滿人身的各種暇滿，也懂得要獲得此暇滿人身多麼困難的話，除非我們學佛修行，否則絕不可能覺得舒適愜意。」[80]

有很多例子說明，只有學佛修行才是唯一該做的事，不要在乎世俗生活。帕綳喀大師也提過，噶當派貢巴瓦格西一心致力禪修，有次他從禪房走到門外，結香植物長出的尖刺刺進肉裡，他不想費心拔刺，繼續禪修[81]。

曾經有位年長禪修者，他住的洞穴旁長出一叢棘，每次他到外面小解，棘總是劃破僧服；漸漸地，僧服愈來愈破爛，但他一想到自己可能隨時會死，看不出縮短禪修時間去砍那叢棘有何意義可言。懷著這樣的心，很容易生起死亡無常、暇滿人身的證量。

龍樹菩薩在其著作《親友書》提到：

頭或衣上驟燃火，放棄一切撲滅之；

79 參閱《掌中解脫》。
80 如上。
81 如上。

精勤趨入涅槃果，無餘比此更重要。82

如果我們身上衣服或頭髮突然著火，直覺反應會馬上盡全力把火撲滅，沒有其他比滅火更緊急的事。龍樹菩薩說，比起撲滅身上的火，更重要的是要消滅被業力及煩惱逼迫的投生，要是我們不做些什麼的話，頭髮著火，頭燒起來，完全無法跟自己肯定會被地獄烈火焚燒相比。

所以，我們必須區分清楚俗事跟法行的差異，痛下決心捨棄俗事，只做如法的事情。應當視「學佛修行」不僅是念祈願文或者禪修坐姿這種意思，而是在於做每件事時懷著什麼樣的心態。進食能是俗事或者法行，端看自己抱持的動機，聽音樂也是一樣。再者，如果帶著世俗動機做的事情，縱使看起來屬於善行，像是舉行法會、幫助鄰里，其實仍屬於俗事。事實上，任何行為要是帶著正知及善的動機，就稱為禪修，不論我們是否稱為禪修。「禪修」一詞的藏文發音為「犟」，意思是「讓內心習慣」，毋庸置疑，指的是內心習慣善。

彌勒菩薩在《大乘經莊嚴論》提到，禪修的意思是讓內心熟悉所緣境，我們迫切需要這種訓練，例如，懷著愛心、寬宏大量做事，讓內心習慣於愛及寬大。在我們心相續這些特質會愈來愈強大，不論是正規禪修或是日常行為，要一直以菩提心為動機，就能對菩提心更為熟悉，並且習慣菩提心。接著慢慢地，當菩提心這殊勝功德在內心深化，我們對菩提心起先是概念上的認識；想要生起菩提心的階段，轉變為真正體證菩提心，此時內心跟菩提心為一體。就算是目前內心是烏雲密布的階段，要是一直以清淨動機做事，一切行為終將變成清淨法行。

82 第一〇四偈。

要讓暇滿人身每一刻都有意義，就該這麼修，就算是簡單如呼吸這件事，都可以變成富有意義，每次吸氣能更靠近成佛一步，每次呼氣也能更靠近成佛一步。沒懷著特別動機的呼吸能維持生命，單純呼吸不會傷害其他人，要是能以正知及滿懷想要成佛的態度呼吸，我們每次呼吸就產生了覺醒的圓滿平靜。

一早就發起十分堅定的動機，這一點是非常關鍵的因素，動機提供一整天的力量及純淨。達賴喇嘛尊者常提到，我們應當要日夜取得精要，意思是一早藉由修持像是上師相應法（guru devotion）或禪修念死無常法類，發起強烈動機；隨後以所禪修的法類為基礎，生起強烈慈悲心，接下來從早到晚一整天，滿懷慈悲心做每件事，一整天就能得到禪修的利益。

例如，禪修無常法類後，當天遇到的每件事都要嚐到無常的味道，看穿「恆常」騙人的外表；同時瞭解到，不管遇到什麼事情，例如事物、經驗、情緒，在任何方面都不是恆常不變的，不是永遠快樂或永遠痛苦的恆常因，而是暫時的，隨時在變化。道次第其他法類也這麼修，以這份瞭解，結合菩提心動機，所做的每件事都很有力量。

如果學佛修行的意思是擷取暇滿人身精要，那麼努力證得菩提心跟證悟成佛，就是精要中的核心，這是我們日以繼夜該做的事，沒有分秒時間能浪費了。懷著菩提心，每分每秒變得無比寶貴。一天當中，我們面對要做上千次決定的情況，以前是在兩種輪迴狀況裡面選擇比較好的其中一個，或在獲利跟損失之間做選擇。不過，現在要做的選擇很簡單：我們要選擇有利益一方，或者有害一方呢？要取珍貴人身精要，或者浪費珍貴人身呢？我們選擇會利益自己跟他人，確定自己善用此暇滿人身，以及選擇從今起能讓此人生真正有價值；或是選擇追隨自利，保證自己及他人都會痛苦，肯定會投生到三惡道呢？我們在每天每秒都有自由選擇要成佛或去地獄，就算是最微不足道的、最不關緊要的行為都算數。在獲利跟損失之間做出選擇，想要真正獲利或損失，一切取決自己。

或許，要是確定自己會長命百歲，還可以慢慢來。「我知道要學佛修行，但我必須要先處理一些事情，然後開始想要學佛及禪修之前，還要放個長假。我有了不起的機會，反正這機會也跑不掉，或許退休後，會花多點時間在上面吧。」

當然現實不是這樣，我不介意重複一百萬遍宗喀巴大師說過「此暇滿人身非常難以獲得，獲得後不會長久，隨時可能會死亡」這些內容。認為「可以等到明天修行」的這種想法非常危險，因為到了明天一覺醒來，開始禪修之前，一定會有其他更急的事情要處理，後天也會有其他事情，轉眼間就六十歲、七十歲了，當別人問自己今生有何遺憾，我們會說，最後悔從來沒抽出時間修行！

珍貴人身方能圓滿修行道路

只有以人身才能學佛修行，因為只有人能分辨善及不善，其他道有情或許壽命多劫，卻缺乏分辨善及不善的能力。另一方面，人類在短短幾秒聽聞佛法，就能瞭解善的定義，這特色賦予人類獨特又非常理想的自由，能選擇超越痛苦的快樂。

此種能力是獲得佛果必備的內在條件。外在條件是：完整佛法存在世間，還有我們能受戒。這一切都是來自上師善知識的恩惠。

究竟的上師指的是我們內在智慧，不過我們僅能透過外在上師，進而延伸到內在上師。外在上師對我們開示佛法，依照根器善巧引導。上師可能會在我們不同輩子顯示不同形象，甚至今生可能就是如此，但上師的本質永遠相同。

只有透過上師，我們才得以值遇整個佛法，特別是高深金剛乘教法及金剛乘法門。為了要持戒，只有透過上師，我們才能受戒。由於上師的恩惠，現在我們才能享受暇滿人身，這就是為何道次第最初的法類是「增進對上師的正確態度」，以及為何「如法依止上師」會被稱為修行道路根本的原因。

在上師引導下，整個修行道路在我們面前鋪展開來，不管想達到什麼目標，正確無誤的方式就在前方。這可不是我們可能在未來某個時間要做的事，而是肯定要在這小時、這分鐘、這一秒就要去做；從此開始做的每件事情，都能成為證悟成佛的因，這麼去修，會讓此暇滿人身具偉大意義。

成佛之道清楚呈現在我們面前，我們具有能力能依照成佛之道直到證得佛果，我們需要修皈依、平等心、慈悲心、智慧。所有的方法都已經為我們準備好了，我們不只是能獲得一小部分珍貴功德，而是無比廣大功德，充滿我們的內心。

僅僅唸四無量心這偈頌，這些念頭就能去除偏私，從短短四句偈頌，就能從中造下圓滿成佛的因。這麼去修，很容易能生起悲心；再從悲心的證量，短時間增長為大悲心及珍貴菩提心，證得菩提心的話，成佛輕而易舉。

我們擁有暇滿人身具有的潛力就在此，即是我們的目標，即是我們需要去執行的計畫，不論上班、在家休息、放假、朋友相聚，不管什麼時候，日日夜夜這就是最主要的事。

就算是世俗計畫，要能成功，也需要持續努力及決心，成就佛果這項計畫要成功的話，需要不斷禪修道次第。如果我們具有智慧，在任何情況都這麼修的話，不論身在何處，不管做什麼事情，都是被佛法所覆蓋。

經常覺察每件事情，留意自己行為舉止、語言及內心的表現，就能轉變生活每一刻，讓每一刻都能如法，每一刻步步接近佛果位。否則，就會像沒帶任何裝備下去攀爬冰山，只能手腳、膝蓋併用，痛苦不堪地緩慢攀爬，赤手握不住滑冰，滑落原點，得從頭來過；儘管這麼努力，仍抓不到任何東西，依舊滑落原點。學佛修行也像如此，起先努力想要在禪修前安立善的動機，如法而修，但到了外頭花花世界，又滑落原處。

我們都具有獲得圓滿佛果的潛力，會讓我們停頓不前的唯一原因在於缺乏決心。如果我們能真正看到今生這機會多麼珍貴，就會以每件事作為朝向成佛前進的每一步，而且總會給予眾生最理想的幫助。內心充滿菩提心時，做的每件事都具有殊勝意義。也只有大乘佛法能引領內心達到這種層次，也只有在這世間又是這段時期的人，才有進入大乘佛法的機會。

因此，我們真的幸運極了：大乘佛法隨手可得，有殊勝師長善巧開示佛法，又具有從這上好禮物獲得利益的潛力及決心。

八　珍貴人生

◆今生珍貴之處

我之前提到過，宗喀巴大師在〈菩提道次第攝頌〉提到，符合暇滿條件的人身比如意寶還珍貴，我們應當認清這個重要的事實。有位乞丐從垃圾堆翻找食物，找到了一顆大鑽石，鑽石吃不得，乞丐竟把鑽石丟了，他沒想到要是把鑽石賣掉，餘生奢華不成問題。

想像一下，在我們年幼時，父親送我們一整袋鑽石，讓我們日後不會遇到任何困難，但小孩子根本不懂鑽石為何物，就把那袋鑽石全扔進河裡。而今長大成人，才瞭解小時候做了什麼事，想想真是太糟糕了啊！

不管在什麼時候，只要浪費此暇滿人身一剎那，都應該要有這種「真是太糟糕了！」的感受。如果能真正明白生命有多麼珍貴，永遠不會想浪費時間，連一秒鐘都不想浪費，而且要是人生有一剎那時間造惡，會覺得自己損失實在太大了，比損失被丟到河裡的滿袋鑽石還大。

要明白此人身的價值性，要清楚比起暫時享受，還有更偉大的目標。我們認為那位丟掉大鑽石的乞丐實在笨得可以，要是我們沒有認清及把握住現在握在手中的機會，我們也是跟乞丐一樣笨呀！

比如意寶還珍貴

生命真的非常珍貴。世上沒有任何東西跟生命同等珍貴，特別是擁有八暇十圓滿的生命更是如此。一般人都很寶貝自己的東西及財富，但幾乎沒想過，什麼才是真正的寶藏，還把真正的寶藏視為理所當然，甚至濫用。

想像一下，自己中了樂透彩，現今頭獎彩金有億萬元之譜，一定樂翻了，似乎最不可能發生的事，竟然發生在自己身上。一般人始終幻想有天中樂透頭獎，於是每週買彩券，衷心希望並祈禱自己能成為樂透得主；但此暇滿人身一秒鐘時間，就比世上所有國家的樂透獎金還更無限倍珍貴。

想想自己擁有的一切財物：房子、車子、電視、電腦、衣服、珠寶、金錢等等，包括現有的跟曾有過的，想想這些財物對自己有多麼珍貴，要是一夕之間，擁有的財物全化為烏有，或錢全被偷光，心情會是多麼難受。但這所有的財物跟在一切東西當中最為珍貴的人身相比，此人身具有獲得真正快樂的潛力，因此前者根本不算什麼，潛力十足的人身才最為珍貴，能讓你獲得真正快樂。

想想在你的國家，那些腰纏萬貫的億萬富豪、百萬億富豪，富豪擁有的一切，像是一棟接著一棟豪宅大苑、遊艇、珠寶，你連作夢都想像不到的榮華富貴。再想想他國富豪，每一位都富可敵國，想像所有的錢跟財物堆疊起來，堆成一座座富裕大山，世上每一件珠寶，每一塊黃金，每個珍貴物品，造就出來的雄偉財富大山。以上一切價值總和，完全比不上此暇滿人身。

世上曾經存在跟現在存在的全部財富，外加天道全部財富，根本不算什麼。天界的財富無法言喻，正如我們知道，光是天人一只耳環，價值超過人道所有財富總和，跟此暇滿人身的珍貴性依舊沒得比。

如意寶具有實現任何願望的力量，被視為比天界所有珠寶還珍貴。古時候在吉祥日子，例如滿月，已經造下廣大功德的菩薩，能到海深處取出最珍貴的如意寶，這些如意寶覆蓋著泥土，要反覆三遍清拭，第三遍要以上好柔細的棉，把泥土全擦拭乾淨。在月圓之日，將其中一個如意寶放在房子頂端旗幟，任何物質願望，像是金錢、長壽、健康等等會立即實現。

就算能滿一切願望的如意寶，卻沒辦法讓人免墮三惡道，物質受用本身是外在的條件，我們是否能從中得到利益，完全靠業力決定。火柴能點火，但是被火柴點燃的木頭是讓我們能取暖，或者燒掉我們的房子，帶來災難，則取決我們的業力。原子反應會產生電力幫助許多人，也可以引爆炸彈炸死成千上萬的人。或許有物質因素存在，但是結果要看內心。

就算我們擁有過如意寶，有什麼好呢？龍族是畜生道有情，往往坐擁龐大財富，經典提到龍族在過去多生多世廣大修布施，卻沒持戒，所以果報是擁有巨大財富卻生在畜生道。這些有錢龍族的寶庫塞滿珍寶，卻沒機會學佛修行，或逃脫畜生道痛苦。

如果如意寶的價值遠遠超過所有宇宙財富總和，那麼，此暇滿人身一秒鐘的價值，比充滿天際的眾多如意寶更具無窮價值，此暇滿人身的珍貴性無與倫比。

我們會因為有個東西被偷了或損失一些錢（就算只損失十塊美金），變得鬱鬱寡歡，覺得損失可大了，可能好些天悶悶不樂；要是損失一百美金，更加悲慘。但我們對於浪費一分鐘、一小時卻無所謂，甚至浪費此暇滿人身三十年或四十年，從呱呱墜地至今的這段時間全浪費了，卻沒感到有任何損失。

要是發現自己得了癌症或誤吞毒物，一定會盡力找解藥，拚命延壽；不過，如果我們對於患病或誤吞毒物一點概念也沒有，就不會做任何事。我們相當關心退休帳戶或房子，好煩惱銀行存款或房價會跌，卻沒意識到自己正在浪費遠遠比銀行帳戶、房子更珍貴的東西，對此生的真正價值沒概念，沒做任何事情好好守護。

我們完全沒意識到，此生是想像不到地珍貴。把一些灰塵倒進馬耳，馬會把灰塵搖出來，甩掉刺激耳朵的東西，就算是倒金粉進馬耳，馬也會做一樣的事，不會去想，一種沒價值、另一種很有價值，灰塵跟金子對馬來說都一樣。相同地，我們已得到此暇滿人身，給了我們機會能達到極富意義的結果，此人身給予我們機會，讓我們能得到想要的任何快樂，但我們並沒有珍惜這良機，反而整個浪費掉了，就像把耳朵裡面的刺激物搖晃出來。

除非我們瞭解無常及業力，不然物質享受遲早會讓我們失望，當這一天出現時，我們會非常難受。有些富人生意失敗，從高橋一躍而下，好像損失金錢比失去生命還更糟，如果沒到自我了斷這麼極端的話，會精神崩潰，最後住在精神病院。這些人把金錢的價值看得太高了，自己賺了多少錢，賠了多少錢，一分一毫清清楚楚，也知道每一項匯率數字，他們清楚一定要擁有什麼東西才能讓自己快樂，卻對於自己珍貴生命的價值一無所知。

我聽過有位香港商人，他在某次金融市場崩盤損失十億美金，還剩有四十億美金，但是剩下這些錢，沒辦法讓這可憐的商人不感到錐心之痛。十億美金其實沒什麼大不了，充滿整個天空的如意寶也沒什麼，暇滿人身是唯一真正珍貴的。

人通常喜歡討價還價，要是比下一位顧客更便宜買到東西的話，就開心極了，不惜跑到遠地超市，就因為這間賣得便宜些，能省下幾塊美金，還會刻意等折價出清的時候；歷經困難，就是為了買打折商品，一旦省下幾塊美金，整天心情愉快又美好，卻絲毫沒想到是否有做過任何慈愛的行為。

我們擁有八暇十圓滿的暇滿人身，能做任何想做的事，但我們現在其實沒有真正明白這些暇滿。另一方面，例如買個東西，無意之下付了十八塊美金，不是十七塊美金，之後發現損失一塊美金，嚇一大跳，由於自己不夠謹慎竟然浪費了一塊美金。我們覺得一塊美金是這麼地珍貴，損失錢這件事撕裂了心，付的十八塊美金裡有一塊美金白白損失了，表示不可能拿一塊美金買些糖果，無論銀行帳戶存了一萬美元或空空如也，還是會對那一塊美金感到悵然所失。為什麼我們在失去其中一種有暇或圓滿時，卻沒有同樣的感受呢？因為我們把金錢看得很重，遠比暇滿人身更重要。

要是我們車子故障，錯過了聚會，會因此惱怒不已，為之氣結；但浪費此珍貴人生一整天，卻不會難過。

想像你本來要去某個地方，不過你累癱了，待在家裡；之後你發現到，去那地方的人各獲得一百萬美元，獨漏了你，我相信你想必大為震驚。一想到要是自己沒那麼懶也會得到一百萬美元，整個人就快抓狂了，腦海一直盤旋這件事，輾轉難眠多日。但我們睡了一整天，浪費暇滿人身二十四小時，這比沒有得到十億美元的損失還更大，我們卻不覺得有任何損失，原因又是沒意識到今生多麼珍貴。

我們習以為常地相信金錢的價值，似乎沒錢就不可能過得快樂，當然事實不是如此。以往昔偉大瑜伽士為例，他們身無長物，卻過得不可思議地快樂。密勒日巴是最負盛名的例子，這位殊勝的西藏禪修者，在五濁惡世短短一世證悟成佛，除了禪修之處及煮鍋之外，什麼東西都沒有，連一塊錢都沒有。除了一條破爛的棉披肩外，沒有其他衣物，日復一日吃蕁麻湯填肚子，蕁麻是他唯一採得到也可食的植物，不只瘦骨如柴，皮膚還變成藍綠色。

他住在光禿禿的高山洞穴，洞穴裡就是一塊空地，連房間都稱不上，洞穴是他的廚房兼禪房兼臥室，家徒四壁，簡陋至極。某天晚上，有小偷進洞穴想偷東西，密勒日巴問小偷：「烏漆嘛黑的怎麼找得到東西呢？我連白天都找不到了。」他拿煮鍋給小偷看，鍋子有破洞了，因為鍋內厚厚的蕁麻沉澱物，得以維持住鍋子形狀，他在煮蕁麻時也給小偷吃些蕁麻。

小偷想要一點鹽巴，密勒日巴灑了一些乾蕁麻，對小偷說：「這是你要的鹽巴。」接著小偷跟他要辣椒，他再加一些乾蕁麻給小偷，對小偷說：「這是你要的辣椒。」他有的東西，除了蕁麻還是蕁麻。

但是密勒日巴快樂的程度令人無法置信，原因在於他擁有學佛修行的這種有暇；而他有這種有暇，是因為他擁有暇滿人身，又非常重視暇滿人身，由此短短一世獲得佛果。

以我們世俗標準來看，有巨大寶庫收藏如意寶的龍族，應該比密勒日巴還快樂才對；但就算龍族擁有這些財富，也沒機會逃脫三惡道的可怕痛苦，而密勒日巴的快樂則是增長又增長，直至獲證圓滿佛果位。

或許我們認為密勒日巴與眾不同，或者那個時代比較容易生起證量，當今時代愈難生起證量，但我們跟密勒日巴有相同的身心條件。再者，他在早年還殺了很多人，也必須懺悔一切罪業。我們現在有的這身軀，可以達成任何想做的事，除了已經擁有的暇滿條件之外，不需要其他特別的條件。現在，就在當下，我們已具備一切條件了，而且我們擁有的暇滿人身比所有宇宙的財富總和還珍貴。此世暇滿人身就是這麼珍貴，我們有能力如密勒日巴超越煩惱，也有能力幫助其他有情對治痛苦，獲得無比快樂。

有什麼是比出離痛苦的根源、瞭解實相本質、珍惜他人更甚自己，還更為富有嗎？有什麼會比為饒益一切有情而追求佛果，獲得一切心之中最珍貴的菩提心還更有價值嗎？這些珍寶的價值遠遠超過充滿天際的眾多如意寶。

此暇滿人身能讓我們相對容易不墮三惡道，錢財辦不到這一點，錢財也不能帶我們解脫輪迴、證得佛果。事實上，財富通常帶來反效果，財富會促發貪，還會讓我們的心被惡念壓住。

一而再、再而三地思惟這些真相，實為要緊。我之前提過，我們已經習慣「錢財跟財物是通往快樂的主要道路」這種跟事實相反的錯謬想法，我們必須清楚地看清錢財的面貌，就算是充滿天際的眾多珠寶，也沒辦法帶給我們一絲一毫的快樂。錢財沒辦法幫我們在無與倫比的解脫道路有所進步，也無法讓我們不投生三惡道；金錢跟財物是虛偽的假朋友，承諾會給我們快樂，卻只帶來痛苦。

要清楚此珍貴身體的價值多麼高，我們在過去世也曾生而為人，或許也曾有過幾種的暇滿，但不曾同時擁有八暇十圓滿，所以我們以前想追求真正快樂是有缺憾的，注定失敗；現在我們擁有一切暇滿，若能好好利用，解脫輪迴跟證悟成佛的確有可能達成，只有在這時間藉著此人身才能辦到。

也要明白持戒跟布施遠比財富重要多了，不然會一直誤解真正快樂的來源，把物質受用的重要性看得太高了。從一方面要知道五欲這種糖蜜，其實包藏著毒，對此要感到害怕；另一方面，要明白生而為人的真正意義，並且對於能正確善用人身感到極大歡喜。

我們已經獲得此暇滿人身，就像作夢般，如同那位乞丐在垃圾堆找到鑽石那樣不可思議，現在我們握著最頂級珠寶，真是奇蹟啊，千萬不要浪費啊！

人身的珍貴之處

那密勒日巴呢？他怎麼能在濁世短短一生證悟圓滿佛果呢？原因不在閉關洞穴或飲食。密勒日巴這位偉大的禪修者、高證量的瑜伽士，在亞洲備受尊崇，甚至西方社會也有人耳聞並敬重密勒日巴的成就。他除了瘦小身軀，幾乎全裸之外，沒有其他東西。他下定決心要利用此身達成目標，也果真辦到了。他一點也不在乎舒適，只做為了成佛而必須做的事。

我們甚至想都沒想過赤裸這件事，特別在下雪的喜馬拉雅山脈上；但對密勒日巴來說，穿不穿衣服都無所謂，他在洞穴外走動時，會把碎衣隨意掛在肩上，全身看得清清楚楚。有時密勒日巴的妹妹會去探望他，對於哥哥赤身裸體，妹妹覺得十分丟臉，常指著密勒日巴罵，抱怨他：「哥哥啊，你在外頭總是裸著身體，一絲不掛，真讓我丟臉死了。」妹妹當時經常為幾戶人家做事，存夠錢後，買一匹白布供養密勒日巴，堅持要他拿這匹白布做衣服。妹妹質疑：「你怎麼能全身赤裸去完成今生的工作呢？」

妹妹過一陣子再回去看密勒日巴，看看他拿白布做了什麼。妹妹發現他沒拿來做褲子或外套，而做了手套，還有包住陰莖的布套。想當然，妹妹看到哥哥浪費了那匹布，大為光火，又再指責密勒日巴的外觀多麼不妥，密勒日巴回答：「你看看，我有的大家都有啊，大家都知道我天生就有陰莖，要是我會覺得丟臉的話，那你也應該對自己的胸部感到丟臉吧。」因為她胸部有點大，不知道後來妹妹怎麼回應。

密勒日巴跟我們的唯一差別，在於我們的出離心程度不及他。我們認為自己必須過得舒適溫暖，吃得好，外在條件都要到位，為了要擁有這些條件，就得工作賺錢。我們不知道什麼才是重要的，密勒日巴卻非常清楚。除了沒有下定決心之外，我們跟密勒日巴具有一樣的潛力，我們也跟他一樣擁有這寶貴之身，沒有理由不能獲得跟他一樣的證量。

一切有情皆具成佛潛力，一切有情皆有佛性，只有從這人身能實現成佛潛力。現在我們就擁有能摧毀煩惱、增長功德的機會，只有以此珍貴人身，每一刻能過得有意義，在獲得圓滿快樂之前，順帶今生也會獲得學佛修行的快樂。

擁有此人身還有另一個主要優點：由此人身，而且只在南贍部洲，意即我們現在處的世界，才能受由佛制下的戒，因而能清淨持戒，輪迴其他道的有情無法受戒。有此人身基礎，能圓滿三主要道（three principal aspects of the path）：出離心、菩提心、正空見，再由三主要道的證量，接著獲得涅槃、止息一切苦，證悟成佛就簡單易行了。

宇宙無量無數，也有很多部洲有人類的存在，地球不是人類唯一生存的星球；但在其他部洲人類不同於南贍部洲人類，只有在南贍部洲的人身適合受戒跟剃度出家。出家是出離輪迴的基礎，要是內心不想出離輪迴，不得剃度出家。能放下貪之前，必須要先有想放下貪的想法，不會受到苦的輪迴其他道[83]，非常難以看到苦的本質，所以那些道的有情，由於追隨貪，繼續被鎖在苦裡。

因此，我們真的很幸運，沒有受到太多的苦，也沒有沉溺在太強的五欲，由此能明白貪的缺點，瞭解痛苦的本質。於是，我們是最適合受戒及出家的器皿，也能持守戒律，這讓我們能增長持戒修行；圓滿持戒，就能生起圓滿禪定力。只要內心受貪心及其他煩惱影響變得散亂，不可能生起好的禪定力；圓滿持戒的話，要生起圓滿禪定力就容易多了。接著以穩定強大的禪定力，能生起證悟空性的增上慧學，這一點反過來會成為進入金剛乘道路的基礎，進而能在此濁世短短一世成就佛果。

◆過真正有意義的人生

我們具有八暇十圓滿，這是能讓生命具有不可思議價值的必要條件，要是缺少當中一或兩種暇滿，依舊有辦法能補得。我們具足了學佛修行的各項條件，也知道許多佛法，瞭解佛教思想是一條圓滿無錯的道路，能帶領我們從現狀一路到成佛究竟目標。我們知道該如何活在佛陀離於二邊的中道，我們也知道極端二邊的錯誤，包括「自我否定」跟「自我沉溺」這兩種極端行為，以及「否認萬法存在」跟「相信萬法自性有」這兩種極端見地。

社會可能會告訴我們該怎麼做，但我們不會被逼著就範，而是以智慧看到活在世間最好的方

83 天道。

式。就算每個人告訴我們要走完全相反的方向，世上有百千萬不同生活方式，有義大利風，美國風，尼泊爾風，澳洲嬉皮風，法國商人風，但我們已經知道唯一能離苦的生活方式。

我們有證得圓滿佛果的機會，前方路途還很長，還可能隨時會死，所以至少一定要確保下輩子能繼續走修行的路。意思是：要造下再得暇滿人身的因。否則情況就會變成像攀爬珠穆朗瑪峰，一路艱辛，幾乎快要攻頂，眼看攻頂在望，卻失足一路滑落到山腳。

我們現有的智慧，尚不足以享受世間欲樂卻不生貪，因此會受痛苦。這真的很符合邏輯，要是把手伸進火裡，勢必會被燒傷，若我們不想受燒傷痛苦，就不該把手伸進火裡。

如果不貪今生，做任何事都會成為佛法，會得到快樂。不管什麼職業，當士兵、總統等等都沒關係，要是做的任何事情都沒帶著世間八法，這惡念也就傷不了我們。倘若所作所為結合空性證量及菩提心，將能證悟成佛，也能引導一切有情。

因此，我們在現階段的修行有個重點，即應當清楚世間八法的缺失，切勿貪著今生。因為對今生的貪心會助長世間八法惡念，意思並不是說應該自找苦吃，或要把自己弄得貧窮潦倒，臭名昭彰，受人責難，這種程度的修心可能遠遠超過我們目前修行階段。

不過，僅僅止貪還不夠。正當我們發現，自己被束縛在俗事裡，錯把貪欲當成快樂；正當我們不惜一切代價想要離苦，其他一切有情亦然。無數宇宙的一切有情，在這方面大家都相同，但不是一切有情都能瞭解，自己具有獲得圓滿快樂的潛力。我們擁有一切條件，其他有情卻沒有，即便他們也生而為人，就算他們有相對的閒暇，可能無從接觸正確的離苦道路——佛法。另外，其他有情當然沒能遇到有智慧的師長，給予必須的無瑕引導，以離苦獲得自由。

一旦瞭解痛苦本質，便能看到離苦出口，藉由瞭解業果及前後世，明白自己跟每位有情都曾經有過各種關係。更具體來說，每一宇宙的每位有情、輪迴每一道的每位有情，都曾一再當過自己的母親。今世母親為自己做的犧牲，每一位有情也做過如此犧牲，現在每位慈母有情正遭受可怕的痛苦，自身難保。

另一方面，我們擁有圓滿的工具，不只幫得了自己，也能幫助每一位慈母有情。要能做到這一點，自己首先要證得圓滿佛果，就能具有最好的能力來幫助慈母有情；由於一切有情受的痛苦，令人難以忍受，因此我們必須迅速成佛。

要怎麼做才能迅速成佛呢？我們能做千萬種事情，有些善行會有些幫助，有些善行具極大饒益，必須善巧抉擇。能幫助一或二個人解決物質問題，當然很好，要是能幫一百個人更好。能幫助一個社區脫貧是很棒的，但最好能幫助一切有情，包括所有人類、天人、畜生、餓鬼、地獄道有情，藉著引導他們證悟成佛，使他們能獲得圓滿又恆久的快樂，這就是為何自己必須先成佛的道理。要成佛，就要有純粹清淨的內心，意即永遠不做惡行，而且摧毀心相續過去世造惡留下來的所有不善種子。

戒律及懺罪

之前我們提過，地獄道有情數量多過餓鬼，餓鬼數量遠多過畜生道有情，畜生道有情數量遠勝過人類。地球所有人類當中持戒清淨的人數，跟沒持戒的人數相比，前者極為少數。要清淨持戒真的很難，但要想獲得另一個暇滿人身，繼續修行道路的話，清淨持戒就是該做的修行。如上，首先避免再造下任何惡行，同時要摧毀內心往昔惡行留下的習氣，幸好，佛教提供成辦的圓滿方法。我們在善知識前能受不同層次的戒，使自己別再造惡；也有廣大懺罪法門，清淨內心煩惱習氣。要做到不是件容易的事，像受不殺生戒、不偷盜等等，表示自己要盡一切努力，不違犯戒律，代表勢必對抗多生多世的習氣。

在家人能受的戒，例如居士五戒、大乘八關齋戒（Eight Mahayana Precepts）、菩薩戒、密續戒。男女二眾也能剃度出家，男性出家人受沙彌戒或比丘戒，女性出家人受沙彌尼戒或比丘尼戒。不是每個人都有剃度出家的業，所以在家人能受的這些戒，對於獲得快樂是至關重要的一步。不管我們受了多少條戒，不論是在家人或出家人，都能確保未來的快樂跟自由。

持戒不只保護自己不犯惡行，也能讓自己免除此世的迷惑，確保未來成千上萬輩子生在善趣，自己便能一再持戒，以及建立通往究竟快樂更堅定不移的道路。業力增長廣大，這果報可能來自只有一天持一條戒，想想，要是每天都持守全部的戒，會是多麼大的果報。

我們受戒後隨時都能累積資糧，瞭解這點很重要。直至死亡前，每秒都在累積廣大資糧，就算是吃東西、睡覺皆然，甚至陷入昏迷狀態也是！做每件事時，可以確保來世快樂、解脫輪迴及證悟成佛，這輩子會自然地受到良好照顧。懷著獲得解脫輪迴或證悟成佛的動機學佛修行，會避免所有惡行，只會造善，因此此世快樂的障礙也會自然被消除。

持守在上師或佛前受的戒，會造下不可思議的強大善根，在成佛道路前進。正如持戒具有如此善的力量，倘若失壞戒則相當危險，一旦違犯戒律，便造下相當重的惡業。

戒賦予責任，戒加深決心；持守各個戒，過著有紀律的生活，內心會更為強大。在聖物或善知識前受戒，代表要擔起重責大任，責任重量隨時都跟著我們，要是內心快違犯戒律了，會感覺自己身肩的責任。

比丘、比丘尼受不同程度的戒條，以及在家居士五戒，歸類在波羅提木叉（pratimoksha），又稱別解脫戒，盡形壽持在家五戒。這些戒常在正式皈依大典時一併傳戒，可以受其中一條或兩條以上，或全部居士五戒，包括不殺生、不偷盜、不邪淫、不妄語、不飲酒。

另外，也可以受跟居士五戒相似的大乘八關齋戒，只需守戒二十四小時。要是能定期受八關齋戒非常好，大乘八關齋戒包括不殺生、不偷盜、不邪淫、不妄語、不飲酒、不非時食（只吃一餐，中午十二點前食畢）、不坐臥高廣大床、不香花鬘莊嚴及歌舞。

菩薩戒通常在特別儀式或某種灌頂時傳，密續戒則是在接受無上瑜伽部（Highest Yoga Tantra）灌頂時會受的戒，有十四根本墮及十八粗罪。菩薩戒則有十八根本墮及四十六惡作。在菩薩戒跟密續戒，違犯了其中一條根本墮，要比違犯粗罪的罪業還更重。菩薩戒很微細，容易違犯；密續戒比菩薩戒更深細，更易違犯。

有篇對《利器之輪》[84]的釋論，提到要得暇滿人身，必須受三種層次的戒。可以如此詮釋這句話：除非我們能持守最高層次的戒——密續戒，否則我們仍有微細的障礙，阻礙自己修行道路上獲得圓滿證量。另一方面，倘若能自在清淨持戒，能持愈多條戒，我們應當十分歡喜，意思不是說每

84《利器之輪》是關於修心重要典籍，作者是法護大師（Dharmaraksita），大師是西元十世紀在蘇門答臘聲名遠播的師長，也是阿底峽尊者的上師。

個人都應馬上受密續戒。為了迅速圓滿修行道路，想在未來受密續戒並好好持守，我們應當實際評估自己目前能力，依照自身能力受戒，並盡力清淨持戒。

好好地想想自己受過的戒，對於至今尚未違犯的戒，深深隨喜自己。要是發現自己違犯了戒律，應當修其中一種懺悔法門，馬上淨化違犯的戒。千萬不要認為違犯戒律沒什麼關係，要是違犯殊勝的戒，會造成內心的極大障礙，也會產生嚴重罪業。帕繃喀大師說過，要是漫不經心下違犯一條戒，其罪業比殺了一百個人及一百匹馬還更嚴重。

由戒止惡是佛教修行道路的一面，淨化留在心相續的惡業習氣則是修行道路的另一面。有許多力量強大的懺罪法門，包括對佛禮拜（prostrations）、唸誦佛號，例如三十五佛；唸誦能淨化罪業的咒語，例如金剛薩埵心咒；恭製聖物，像唐卡、佛像、擦擦（tsa-tsa）[85]；讀誦有關空性智慧的經典，例如《心經》或《金剛經》；禪修空性、菩提心等相似的法類；供養佛、法、僧三寶。

我們造的任何資糧都是屬於淨化罪業的種類，研讀佛法、禪修、布施，甚至清掃聖地，所有能成為佛法的一切行為，都有助於讓內心從目前被煩惱壓住的狀態得到自由。不過，有某些修持跟懺悔業障特別有關，像造佛像、佛塔，就是極殊勝的懺罪方式，或者為擦擦（tsa-tsa）上色也是。

有些特別法門專為迅速淨化內心相續，例如金剛薩埵被視為最上的法門，也有其他法門也相當有成效，像是禁飲食齋（nyung-nä）就是相當不可思議又力量強大的法門。禁飲食齋基本上唸誦大悲佛觀世音菩薩祈願文及禮拜，為期兩天禁飲食，專注觀修其他有情受到的痛苦，有助自己淨化愛

85 唐卡指在油畫布繪本尊，以彩錦為邊框。擦擦指將黏土或石膏放入雕刻模具所製成的佛像。

我執。

不管修何種法門，都應結合皈依；要真正有所成效，應結合四力對治法。先修皈依，然後生菩提心，想著某項惡業，懺悔造下此惡業，下定決心絕不再犯。

目標放在成就佛果上的話，做愈多懺罪，就愈靠近佛果，能極致幫助一切有情。不管修何種懺罪法門，一修再修，淨化罪業成效會愈強，讓自己的潛力愈能展現。如果想要為了慈善機構存一百萬美元，要從一塊美元開始；同樣地，如果想摧毀內心煩惱，就要從第一遍頂禮開始，就算是一次清淨的頂禮，成效都會非常大。正如連一塊美元都沒有的時候，累積一百萬美元看似不可能的任務，但當然有可能辦得到。因此就算是想要徹底淨化無數劫以來累積的一切罪業，還沒開始懺罪前，看似不可能的任務，但其實辦得到，在過去已經有許多人做到了。

佛陀引導有情的方法極為善巧，佛陀大慈大悲，告訴我們從離苦到成佛的無誤道路。佛為在家人及出家人制了不同層次的戒，最重要的是我們要盡力實踐道德，而受戒是實踐道德最善巧的方式。

◆禪修菩提道次第

我們很聰明，其實都清楚應該做哪些事，唯一需要的就是決心。一旦我們真的清楚學佛修行——懺悔罪障、清淨持戒——種種利益，還有不修行的缺點時，一定會有心力及毅力能在修行道路上迅速進步。

或許現階段要花很大力氣，才能提早半小時爬起床禪修。躺在床上好舒服啊，棉被外頭冷吱吱的，繼續躲在棉被裡，賴到最後一分鐘起床，匆忙吃了早餐後趕去上班。不過，自認沒時間禪修，這麼想就錯了。假如我們騰出時間，就會有時間，目前過得舒適跟享受早餐似乎比禪修來得更重要；一旦我們清楚世間八法念頭的缺失，也明白改變態度的急迫性，那麼禪修會永遠贏過賴床，甚至贏過早餐。

我們對於想做的任何事通常都有時間，時間是能騰出來的。目前我們會拖時間及延遲，是因為我們認為學佛修行太難了，或者需要花太多心力。我們想要去閉關，但事情總是不盡理想，我們認為全部順緣都要齊備，不過似乎從來沒全齊備過，像是找不到舒適的閉關地點，或者擔心餐點品質。我們內心現出各種障礙，說真的，這都是對於要放下世俗生活覺得心不甘情不願所導致，要是真正清楚閉關的利益，就不會擔心這些膚淺的條件。

要對治懈怠，只需清楚做某件事的重要性。我們之所以勤奮工作，為的是便於安排假期或得到獲利，因為這些事情對我們相當重要，我們完全清楚這一點。一旦佛法在生命有舉足輕重的重要性，自己絕不會在需要淨化內心障礙或禪修道次第時還賴在床上，會遇到困難的唯一原因，在於自己的心態，而心態是能改變的，瞭解這一點對自己相當有用。

舉個例子，我們計畫攀登艾弗列斯峰，也預期會有各種險難，為此做了萬全準備。心裡清楚這路程一點也不輕鬆，也不會有舒適床鋪，天氣相當寒冷嚴峻，儘管預期有眾多困難，還是照樣做登山規畫，原因在於已下定決心要征服世界第一高峰。在學佛修行上，應當有相同的決心。

要是因為炎熱高溫、膝蓋痠痛、粗劣食物而感到灰心沮喪，幾乎能確定，這是自己世俗心弄出來該放棄學佛的各種藉口，也就是世間八法惡念告訴我們「離開蒲團，日子會比較好過一點」；但現在付出小小努力，可能會有些微不舒適，我們卻有機會再也不需要努力了，當然不只是以後不會遭受極不舒服的情況，更是把自己從無法想像的痛苦拯救出來。膝蓋的痛楚，不管情況變得多糟，根本比不上在地獄的熱鐵地面一再地被砍成一片片。過去無數生，我們已經忍受過無法想像的痛苦，現在只要忍受一點點不舒服跟麻煩，就再也不會經歷地獄痛苦。

因此，現在是時候了，在這一秒，能把我們生命徹底翻轉，捨棄讓自己困在痛苦的世俗享受。煩惱是痛苦之因，我們要抓住能積極消滅煩惱的心。現在就是該學習及禪修道次第、證菩提心、修六度、禪修空性及明白實相本質的時候了。現在就是修金剛乘法門的時候了，金剛乘是成佛快速道路，讓我們能在非常短的時間成佛，以饒益無量有情。

若非從現在開始修行，要等到什麼時候呢？再也不會比現在的條件還更適合學佛修行的了，就在當下，萬事俱備，只欠東風。

道次第是一切證量的基礎，像是菩提心、空正慧，尤其殊勝的金剛乘法門。要是對道次第缺乏堅定的體解，不可能生起這些證量；金剛乘特別需要修行道路的其他方面全要具備，不然金剛乘對我們不僅無益處，甚至可能造成危險。有些公案就是關於禪修者缺少道次第的平等心、悲心、空性這些基礎證量，而去修強大威力的密續法門，死後卻生為餓鬼，外表就像生前修的密續本尊樣貌。

道次第是主要道路，是通往成佛的直達高速公路，不管是走路、騎腳踏車或開車，還是必須循路前進，從這方到達彼方。要是我們走的是旁門左道，不過在浪費時間罷了。

噶當派恰格瓦格西（Geshe Chengawa）[86]曾問弟子：「一邊是八共悉地（eight common siddhis）[87]，另一邊是一個道次第證量，要你選的話，你會選哪邊？」毫無疑問地，答案是選一個道次第證量。我們過去已有無數世擁有這些神通力，也無數次投生無色界。無色界天人的圓滿禪定力也能產生這些神通力，但這些神通力對我們絲毫沒有助益，但道次第的證量對我們則有不可思議的利益。

菩提心是最好的動機

阿羅漢是不可思議的聖者，已斷一切煩惱，徹底脫離輪迴，不過阿羅漢仍舊無法像我們能在極短時間造下無量資糧，這不是太神奇了嗎？原因單純是我們現在擁有的此暇滿人身，也已值遇大乘教法，並清楚菩提心的重要性。遍虛空沒有跟菩提心一樣珍貴的東西了，心懷菩提心，每一刻都能累積無量資糧。

心懷菩提心做的任何事，不論是大或小，都能幫助其他有情，因為動機是為了引導有情而做此事，來淨化自身惡業。懷著愛我執不可能成佛，對象只為自己也不可能成佛，只有目標是為了饒益其他有情才能成佛，這就是一定要戮力摧毀愛我執的原因。

生命的目標跟意義在於盡力珍愛他人、幫助他人。為了讓其他有情去除帶來痛苦的煩惱，自己

86 種敦巴尊者的其中一位主要弟子。
87 參閱本書詞彙表。

一定要先斷除煩惱，要是自己仍受困煩惱中，能幫助其他有情解決問題的時間就少多了，能善巧饒益其他有情的能力也弱多了，這就是我們一定要先成佛的原因。拿髒拖把擦地板，只會把灰塵拖來拖去，要把地板拖乾淨，拖把本身一定要乾淨才行。相同地，如果我們要知道怎麼做最能幫助有情、具備最好的能力幫有情的話，自己內心需要明晰及純淨，這就是菩提心非常重要的原因。

學佛修行對於摧毀煩惱是了不起的方法，但是這一點不是學佛修行的究竟理由，之所以要摧毀自己的煩惱，是為了要成佛以最能饒益一切有情。我們做的每件事，真正的理由應該是秉持這個最高動機，意即為了讓每位有情離苦，將有情安置於佛果位的無比快樂。這一路上，我們順帶也會獲得無比的快樂，不言而喻，不會再到三惡道受苦。

我們已經有了方法，現在就需要運用這些方法，不是為了自己離苦，而是為了讓一切有情離苦。要是少了菩提心，總會覺得缺了什麼；有了菩提心，我們便能踏上通往成佛的究竟正確之道，沒有其他事能轉移我們的目標，或者拖延速度。

菩提心極為寬闊廣大，我們一肩挑起一切有情離苦的責任。要是數量少於一切有情，例如是大部分有情，而非一切有情；或者包括一切有情，但在程度上不是完全離苦，這種心仍然是有局限的，不可能完全一肩挑起，就不是菩提心了。因此，我們要的是無限的心，要讓心無限，就要從無限動機開始。之後不管做什麼事，所能想像最微不足道的小事到驚天動地的大事，都能完全變得富有意義；小到喝一杯茶，大到捐款給慈善單位一百萬美金，心懷菩提心為動機去做的一切事情，都能帶給我們最大的利益。

讓一切有情解脫這件事，我們要負起完全責任。自己已值遇佛法，瞭解自身的處境還有周圍一切有情的處境，也很清楚該做些什麼事，有無窮盡的理由該完成修行道路，證得圓滿佛果，任何比這個究竟目的還短視的目標，都只是浪費生命。

有了菩提心，修行道路需要做的修持就變得容易多了，願菩提心（aspirational bodhicitta）讓持戒的意義變得最大，也比較容易持戒。我們都有愛心及悲心，自然不會出現想傷害有情的念頭；延遲每一秒鐘，代表無量有情還在受苦著，所以菩提心是我們進入密續法門——讓成就佛果的速度快如閃電的乘門——主要動力來源。

行菩提心，則是內心完全地、自動自發地、持續地專注於有情；願菩提心則是希望能自己擁有如此特質。我們或許尚未證得圓滿菩提心，不過就算是生起願菩提心，也相當令人讚歎，即使懷願菩提心，我們做的每件事，也能造下無盡虛空般的資糧。

要生起願菩提心也需要努力實修，所以應當盡量常常重新發起動機。做每件事之前，都應該一開始先以菩提心作為動機，做事當下提醒自己心懷菩提心，事情完成後應以菩提心迴向，這麼一來，我們做的每件事都會變成清淨又很有力量。

禪修以此暇滿人身能達到三種殊勝目標後，應思惟：「從我出生至今，每一天我的身體、話語、意念做的每件事，都帶著自私自利的態度，跟隨世間八法。我做的事情，沒有一件是成佛的因，我已經浪費如此長久的人生，完全浪費了具有極大意義的暇滿人身。」

感覺有股很強大的失落感，比失去等同地球原子數量的鑽石，還更強烈的失落感，接著思惟：「目前為止，我的身體、話語、意念的所有行為，還未曾成為解脫輪迴的因，這是因為我懷著貪心及不滿足而做，我已經浪費了具有極大意義的暇滿人身這麼久。目前為止，我每天所做的事情，沒有一件成為殊勝佛法，也就是未來世得到快樂的因；我做的事，甚至連是世俗快樂的因都談不上，我已經浪費此暇滿人身這麼久了。」

應當如此禪修，觀修至今已浪費人生這麼久了，所做的一切事情，甚至連佛法都稱不上，然後再思惟：「如果從第一次值遇善知識，獲得道次第教導之後有好好學佛修行，年復一年持續至今，我早就已生起菩提心，或者起碼生起出離心。所以從這一刻開始，我要時時留意內心，做每件事都要懷著菩提心。」

懷著菩提心，為了一切有情而洗澡、穿衣、下廚。或許只是吃一小片土司，一旦心懷正確動機，一小口食物也能利益無數有情，全看動機而定。

我們可以訓練內心隨時隨地懷著菩提心，並且保持對空性的覺知，意思不是說必須持續處在禪修狀態，而是每天一開始先要立下強烈動機，一整天就能充滿著菩提心、空正見，因此我們所做的任何事都帶著這樣的味道。

道路就在我們眼前，旅程所需的一切都已具足。我們有地圖、糧食、交通工具，出發的時候到了，長路漫漫，我們需要寬闊的眼界，必須花很長時間淨化惡業、累積資糧，終究會有一日能完全淨除惡業，無須再累積資糧，無須再淨化罪障。這不像永遠不會結束的輪迴之事，我們需要投入在學佛修行的努力，有朝一日會到達無須再努力的終點。

如果在修行道路上遇到困難，無須灰心沮喪。心可不能小小的，要像宇宙般廣大，就能承受得住身體或內心經歷的艱辛。要清楚一點，為了俗事而努力都會遇到難關了，學佛修行會碰到困難並不意外，但沒有其他事能比得上修行，況且有一天修行將圓滿結束。

懷著這種態度，能把問題轉為快樂。我們會瞭解，在出現某個問題之後，可以怎樣對自己真正有益，這樣會讓我們感到快樂，甚至歡迎問題的光臨。就像爬一整天高山，終於靠近山頂，就算雙腿疼痛，也覺得快樂的道理一樣，我們遇到的問題，可以變成內心進步的一部分，這也會讓我們覺得快樂，不過就是往成佛過程的階段而已。

再者，就像要登上艾弗列斯峰，對嚴峻的挑戰卻事前沒有準備是很不切實際的例子一樣，要是沒心理準備，在道次第高速公路直至成佛的路程會遇到障礙的話，也真是太傻了。因此，我們必須專注在成佛究竟目標，切勿灰心沮喪。

一般人認為攀上艾弗列斯峰的人是英雄，但真正的英雄是學佛修行者。西方電影充滿英雄角色，要是好好去想，會發現這些英雄其實很傻，把時間浪費在搏鬥跟折彎金屬製品。

我第一次到西方旅行時，目睹西方物質生活，體認到西藏人實在很容易就能擁有佛法，身邊有佛法環繞，沉浸在佛教文化寶藏裡頭，還有偉大師長傳法。對大部分西藏人來說，生起虔敬心是很自然的，但要西方人在強勢西方文化力量下往回走，內心要很勇敢才行。在西藏也有各種散亂，不過跟西方文化創造出來的世俗散亂相比，西藏根本是小巫見大巫。很多人把吸毒當成快樂，要能拒絕毒品，而且刻意面對煩惱、對治煩惱魔的人，才是真正的英雄。我相當敬佩學佛修行的西方人。

正如一開始提到，要是實際想想，這麼多人對足球及足球明星如此狂熱興奮，為了這麼沒意義的東西，付出龐大心血，真的太瘋狂了！真正的英雄是努力學佛修行的人。

活著的意義是要引領一切有情獲得無比快樂，沒有其他意義比這更偉大了。我們現在擁有的暇滿人身，在這短暫時間，賦予我們能力能達成此目標，這就是為何我們需要清楚暇滿人身多麼珍貴，並下定決心，絕不再浪費此希罕又了不起的機會的每分每秒。

附錄一

◆禪修暇滿人身

我們已知，學習暇滿人身教法的目的在於，瞭解這機會多麼不可思議希罕、獨特。我們常是擁有珍貴東西，卻視為理所當然，等失去後才懊悔不已，沒在擁有時好好珍惜。哎呀，沒有什麼比暇滿人身更珍貴，也沒有比沒善用暇滿人身、實現人的潛力的損失更大。所以一旦懂得此法類，需反覆禪修直到生起證量。

倘若我們得知有顆鑽石價值數百萬美元，對價值了然於心，就不會認為口袋裡十美元買得起這鑽石。當然，十塊美元買得到其他東西，像是可口可樂，但鐵定買不到這顆鑽石，其價值遠遠超過我們的財務能力。不過，此暇滿人身的價值，比數十億顆鑽石更有無數倍價值，我們現在就擁有這暇滿人身了。暇滿人身極為稀有及珍貴，就像我們不會把鑽石視為理所當然。應當檢視一下，看自己是否擁有八暇十圓滿的每一種；接著下定決心，絕不再把今生視為理所當然，就算一秒的時間都不會這麼想。我們對於這不可思議的暇滿人身的瞭解愈多，就愈不會草率浪費暇滿人身的每一刻。

一旦無法忍受浪費此珍貴生命一分一秒，一想到「我擁有暇滿人身」，就會帶給自己澎湃高昂的歡喜，像贏得數百萬美元那樣欣喜，就會知道已經生起暇滿人身的證量。

深度禪修暇滿人身各個法類，將這些了悟變成生命的一部分，這麼去修，我們會變得愈來愈柔軟，愈來愈進步，對他人會更加敞開心胸，對俗事興趣缺缺，變得更能接納問題。簡言之，我們會變成更好的人。

關鍵要點在於禪修暇滿人身法類，會讓我們理解到，倘若要把現在做的事帶到下輩子，就必須要持戒、布施、無垢發願。這賦予我們「要受佛教不同戒律」的決心，還要持守戒律。持戒、布施及無垢發願，就像開啟佛果大門的鑰匙，也能增長自身悲心直至菩提心，菩提心讓我們接著進入密續道路，以迅速成佛。

禪修八有暇及十圓滿

禪修暇滿人身有個好方法，是個別察看八暇十圓滿，深思每一種暇滿，試著看，為何自己如此幸運能擁有八暇十圓滿。

可不要像觀察者那樣禪修每一樣暇滿，而是自己要實際置身環境中，有深切的感受，之後才能真正對自己當今身處的環境，油然生起感激。

如果是在閉關做這項禪修，或是屬於日常定課一部分，在專注禪修道次第法類上，可以在每天或每座禪修其中一種有暇或圓滿，或是好幾天專注其中一種，直到生起強烈感受。反過來說，也可以瀏覽式禪修，大致瀏覽過十圓滿，或八暇十圓滿，目的在於盡可能深入瞭解每一種法類，直到它對自己生很深切的意義。

八暇十圓滿的禪修也能跟本尊儀軌相結合，例如要是修觀世音菩薩儀軌，在持誦心咒的時候，持咒一會兒之後，把這個法類加進來禪修，作為增長悲心的一部分。達賴喇嘛尊者曾說過，內心開始覺得無聊時，或無法再繼續觀想自身為本尊時，這時禪修道次第能阻止妄念生起；要是以散亂心持咒，可能反倒生起像嗔心、貪心、嫉妒、自傲等等煩惱，所以唸了一小時的咒，有可能在心裡造了一小時的惡業。將道次第法類併入，例如暇滿人身，就能避免此類事情。

持觀世音菩薩心咒的同時，逐一思惟每種暇滿，會更清楚，缺少這些重要特質的有情所處的情況，自然對他們生起悲心。另外也會更清楚，自己擁有這個暇滿特質，使自己能修行殊勝佛法，所以自己能真正饒益這些有情。思惟每一項暇滿特質後，如此總結：「此暇滿人身真是太珍貴了，沒有時間浪費了，我一定要證得菩提心。」

要加深對暇滿人身的體會，就要從針對有暇或圓滿的「觀察修」，轉到專注一境（single-pointed concentration）「止住修」，有朝一日在分析這個法類時，會生起強烈的感受，這種感受遲早會出現。強烈的感受出現時，與其繼續觀察其餘內容，不如此刻停住觀察修，改止住修，一再思惟：「真是太珍貴了！真是太珍貴了！真是太珍貴了！」也可以反覆唸著：「真是太珍貴了！」或是在進行「暇滿人身相當珍貴」的止住修時也持咒，專注在這一點的時候，持咒一串念珠（mala）或半串念珠。這麼做非常有效，如果在觀察修之後做些止住修，對暇滿人身的認識將會變成更強烈也更穩定。

不管是閉關或者是日常定課禪修暇滿人身，將禪修墊上做的事情帶到外頭世界，會很有幫助。

倘若禪修沒有投生在畜生道後，不論何時一看到動物，想一想動物有多麼不幸，牠們根本沒辦法懂佛法；禪修跟人有關的有暇或圓滿之後，見到街上的人，想想只有少數人處於能聽聞及相信佛法的環境。

從報紙、雜誌或電視節目看到的大部分內容，都是對暇滿人身的宣傳，以這種心態看新聞報導會很有用。不管世上發生什麼事，你都能看到有些人缺少有暇，痛苦隨之而來，自己不在那種環境是多麼幸運；周遭所有事情，都會變成很有力量的暇滿人身教法，對自己要善用人身相當具有啟發性。

清楚今生的偉大價值，會感到不可思議的歡喜。要好好保護此人身，切勿浪費，這珍貴身體是學佛修行的基礎，沒有這副身體，就不可能追隨真實道路。像密勒日巴偉大瑜伽士，也是以暇滿人身為基礎來成就佛果。

禪修暇滿人身不可急躁，這件事不是吃速食，心不在焉地狼吞虎嚥，而是頂級大餐，需要耐心烹煮，細細品嚐。禪修就像烹飪，需要時間。要清楚看到每一點，注意自己是否有缺少些什麼，應該要增長什麼，品嚐每一要點，盡力充分瞭解每一種暇滿。

禪修八暇十圓滿各點

禪修每一種八暇十圓滿，目的在於：完全確信輪迴除了人道之外，在其他道沒有學佛修行的可能性；就算是生而為人，除非住在有佛教的國家、沒有邪見等等，否則也不可能學佛修行。綜合以上，得出結論是：唯一學佛修行的機會，就是恰好擁有全部暇滿條件的今世。

如果實際做這種禪修，將了然可見，這是唯一通往真實快樂的道路。儘管一切有情都想離苦得樂，大部分有情卻認為，快樂要從外在東西尋得。禪修像是暇滿人身法類，要深入且多次，深信只有透過學佛修行才能帶來快樂，才能取代上述的煩惱。

在每次的禪修，內容可詳細亦可簡略，隨自己喜歡，重點取決於，哪種方式對自己的心最有效果，以及有多久禪修時間。

禪修每一種有暇跟圓滿的步驟都是相同的，例如：禪修八有暇的第一種，也就是沒有投生為地獄道有情，先觀想每個熱地獄、寒冷地獄、近邊地獄、孤獨地獄的細節。在道次第典籍都有提到種種細節，可以在一座修這些內容，或是分成多座也可以，重點是必須切身體會在地獄道受到無法忍受的痛苦，根本不可能學佛修行。

對於自己現在不是像地獄道有情那般受苦，感到極大歡喜，思惟：「我這輩子沒有投生為地獄道有情，真是幸運啊！實在太好運了！」接著思惟沒生在地獄道這種有暇，又擁有此暇滿人身，讓自己能夠學佛修行直至圓滿證得三種殊勝目標，包括快樂來世、解脫輪迴、證悟成佛。

最後，為了要讓所有慈愛母有情遠離被束縛於無法忍受的痛苦，下定決心絕不再浪費此暇滿人身一分一秒，只會善用暇滿人身以獲得圓滿佛果。

每次禪修都要包含四個要點：

一、思惟在此狀況受到的痛苦，缺少此有暇條件，不可能學佛修行。

二、思惟現在自己沒有處在此種狀況，因而能學佛修行，深感隨喜。

三、思惟此有暇讓自己得以達成三種殊勝目標。

四、下定決心，從此不再浪費暇滿人身一分一秒。

十圓滿部分，不是要對於沒有處在某種不利的情況感到歡喜，而是要感到相當幸運能獲得各個美好特質，想到沒有獲得此圓滿的有情，沒辦法順利學佛修行。以這種修法，結合每種有暇及圓滿，細想暇滿多麼具意義，又多麼難得再獲得。此世非常短暫，可能隨時會死，就算是在今天，也有可能死去，甚至可能在這座禪修就死了。如此細想每種有暇及圓滿，將會體會到，每一種八暇十圓滿都不可思議地珍貴。

對每一種暇滿都如此做觀察修之後，接著思惟，要聚集暇滿人身的因極為困難，瞭解自己過去曾想方設法努力不懈要得到暇滿人身，深深感激擁有此暇滿人身，且至心隨喜。

如之前談過，觀察修時，如果對於修的內容產生很強烈的感受，這時停住觀察修，改成止住修，停在那感覺上，讓感覺愈來愈強大，愈來愈深，愈來愈穩定。隨後，一直重複想著：「真是太珍貴了！真是太珍貴了！真是太珍貴了！」

如果這麼修心，就算是休息時間，「暇滿人身極珍貴」念頭仍會不費力地自然浮現。就像是飢餓感或貪也不需費力就會浮現一樣，愈瞭解到自己得暇滿人身是如此珍貴，就算是在休息時間，也會不自覺地停下無意義的行為。

◇沒生為地獄道有情

思惟：「從無始以來，我一直受縛於輪迴，從此道流轉到彼道，大部分時候投生在三惡道，這次我獲得暇滿人身，給我學佛修行的種種機會，我在過去投生三惡道時，大多數投生在地獄。」

思惟地獄道的痛苦，要細想不同種類地獄的細節，如果在閉關的話，可以在一座專注其中一個地獄，或者在這一座想所有熱地獄，下一座想所有寒地獄，以此類推。但不要像是在看電視節目想著地獄道有情，而是要把自己想成就是置身不同地獄當中，努力體會在地獄的感覺，地獄道有情經歷哪些痛苦，如果你是其中之一的話，會是什麼樣子？

想想，一根燃香或者火花碰到皮膚，就算只有一秒，是多麼令人無法忍受，感覺真痛，痛楚盤據內心，唯一想到的事就是把火星弄掉，停止痛苦。在那時候，完全不會想到佛法，對有情亦無悲心，腦袋一片空白，只有想離苦這個盲目的欲望。

想想，要是投生在任何一種熱地獄，痛苦比火花碰到皮膚上還痛幾十億倍，不單痛苦強度，還是遍滿全身，時間長達多劫。如果你受到這種痛苦，一定沒辦法學佛修行，想想要是困在烈火焚燒的鐵屋裡，熱度比世界末日大火還更熱，想像一下生在滾沸水鍋裡，有多麼可怖，不可能會有理性想法，內心全被痛苦淹沒。

如此再仔細想寒冷地獄、近邊地獄、孤獨地獄。

接著要瞭解到，就算絕大多數有情在地獄，自己卻沒有，此外，自己擁有暇滿人身，是一切投生之中最稀有難得，深深隨喜自己：「我真是太幸運了！」思惟會投生到地獄的因是嗔心及無明，下定決心連一秒都不再造下這些因。

想想自己沒有生為地獄道有情，具有學佛修行的自由，使暇滿人身在三種方面具有殊勝意義：

投生善趣的因、解脫輪迴、證悟成佛，此生每分每秒都是有益的[88]，因此，這有暇在整體來說很有意義，特別是自己能為一切有情而成就佛果別具意義。不過，這麼有意義的人生隨時可能劃下句點，確定自己有天會死，會在什麼時候走？完全不得而知。

禪修告一段落前，要下定決心，絕不再浪費此暇滿人身一分一秒，要把握每一刻來生起菩提心，證悟成佛，以實現此生的殊勝潛力。

◇沒生為餓鬼道有情

接下來每一座禪修，先思惟：「從無始以來，我一直受縛於輪迴，從此道流轉到彼道，大部分時候投生在三惡道；這次我獲得暇滿人身，給我學佛修行的種種機會。我在過去投生三惡道時，大多數投生在地獄；要是沒生在地獄，大多數投生為餓鬼。」

回想之前學過餓鬼的各種處境，來思惟沒有投生為餓鬼的此種有暇。想想不同類餓鬼，餓鬼主要受到可怕的飢餓及口渴痛苦，甚至千萬年吃不到一點點食物，連一小塊的乾鼻涕或一滴髒水都沒有。此外，不能只是當旁觀者，觀想自己就是餓鬼，試著體會真正的感受。

想想自己一直以來預期食物跟飲水都很充足，這樣還不夠，總盼望能吃到美味又營養的食物。你沒辦法兩天不吃不喝，回想曾餓到前胸貼後背的經驗（如果有餓過的話），當時心裡想的全是食物，沒辦法想到其他，為了能吃到東西，願意做任何事。在那時，腦袋難道有空間想到佛法嗎？

88 或者可以思惟，這能讓自己達成三種殊勝目標：更好的來世、解脫輪迴、證悟成佛。

我打包票絕對不會，佛法會是你心裡吊車尾的事。想想這一點，就會清楚，這種基本需求會把其他想法全趕跑。

想想餓鬼受到的飢餓痛苦，比你能想像到最飢餓的苦更強烈無數倍。再者，餓鬼找到食物的機會微乎其微，觀想餓鬼們絕望地四處漂泊；毫無疑問地，餓鬼沒辦法持戒或行布施，還會為了一小塊食物互相殘殺，多麼可怕啊！禪修餓鬼找飲食過程遭遇的各種內外障礙。

想想，就算餓鬼數量遠遠超過畜生或人類，自己這輩子沒生為餓鬼，飲食無有匱乏，無須花一輩子整天朝思暮想或者尋覓飲食，就算是跟其他人相比，這樣已算很享受了。此外，自己擁有暇滿人身，這是在一切投生當中最為稀有難得，要對這一點感到隨喜：「我真是太幸運了！太幸運了！」再思惟生為餓鬼的因，例如貪心及無明，下定決心連一秒也不會造下投生餓鬼的因。

思惟沒有生為餓鬼，給自己能學佛修行的有暇，而且暇滿人身能夠達成三種目標，實在很有意義，這種有暇實在太有用處了。但是，這極富意義的人生，可能隨時會嘎然而止。

下定決心，絕不再浪費此暇滿人身，連一秒鐘也不浪費，要善用每一刻，要生起菩提心、證得佛果，以實現今生的殊勝潛力。

◇沒生為畜生

跟其他有暇一樣，禪修沒有投生為畜生這種有暇時，一開始先思惟：「從無始以來，我一直受縛於輪迴，從此道流轉到彼道，大部分時候投生在三惡道。這次我獲得暇滿人身，給我學佛修行的種種機會。我在過去投生三惡道時，大多數投生在地獄；要是沒生在地獄，大多數生為餓鬼；沒生在地獄或生為餓鬼的時候，便生為畜生。」

思惟見過的畜生道有情處境，像是哺乳類、爬蟲類、鳥類、魚類、昆蟲類、蟲子等等，人類溺愛的寵物在動物裡面算是極少數的，絕大多數動物每天必須面對可怕的痛苦，沒有一刻能平靜或快活。花點時間，想像自己是不同種類的動物，像是魚、鳥等等，想像牠們每天要面對什麼狀況，看到動物主要活在痛苦跟恐懼當中。另外，不要從動物身軀來判定牠們過的生活，也要把動物的內心考慮進去，試著體會動物的內心世界。

想想要是自己生為動物會是什麼情景，就算像自己養的毛小孩狗狗，由於受愚笨主宰，除了主人下達最基本的指令外，其他什麼也不懂。就算主人花一百年時間對自己解釋佛法，依舊聽不懂一字一句，甚至連咒語單一個音都沒辦法唸出來，也沒機會累積最微小的善業。現在提到的還是動物裡面最得寵的例子，想像要是自己生為野生動物，要拚命生存下去，陷在這種痛苦會是怎樣的情形。

今生自己沒生在畜生道，而是生而為人，此外也獲得八暇十圓滿的暇滿人身，對此感到隨喜，並思惟：「我真是太幸運了！太幸運了！」思惟投生畜生道的因，例如無明及愚癡，下定決心連一秒都絕不會再造投生畜生道的因。

思惟此生多麼珍貴，生命每一刻都富有意義，不像可憐的動物那般，下定決心絕不再浪費生命，連一秒鐘也不浪費。

下定決心，做任何事情的動機盡可能是為獲證菩提心及證悟成佛。

◇沒生在長壽天

思惟：「從無始以來，我一直受縛於輪迴，從此道流轉到彼道，大部分時候投生在三惡道。這次我獲得暇滿人身，給我學佛修行的種種機會。我的過去世幾乎都生在三惡道；即便不是生在三惡道，而是生在善趣的話，大部分時候生在長壽天。」

思惟不同種類的欲界、色界、無色界天人，想想色界及無色界的天人，過著如夢般的日子，欲界天天人完全沉溺五欲，這些天人不可能學佛修行。

回想自己以前曾對財物、朋友、學業成就、工作成就等等，受貪欲控制，心裡充滿欲望時，當時還有空間容得下例如悲心這類念頭嗎？就如同長壽天天人沒學佛修行的機會，人被世間八法念頭控制時，也沒辦法學佛修行。

思惟一下，儘管自己還沒斷除貪欲，還是能明白貪欲的過失極大，因此還是能選擇是否要跟隨貪欲，由此隨喜自己，思惟：「我真是太幸運了！太幸運了！」思惟生為天人的因，然後下定決心，連一剎那都不再造生為天人的因。

想想沒有生為天人的這種有暇，給予自己能學佛修行的自由，讓暇滿人身在三方面具有極大意義。

下定決心絕對不會再浪費此暇滿人身一秒鐘，會充分善用此人身，以獲證菩提心及證悟成佛。

◇沒生在無佛出世時代

思惟：「從無始以來，我一直受縛於輪迴，從此道流轉到彼道，大部分時候投生在三惡道。這次我獲得暇滿人身，給我學佛修行的種種機會。我的過去世幾乎都生在三惡道；即便不是生在三惡道，而是生在善趣的話，大部分時候生在長壽天，就算生而為人，大部分時候生於無佛出世的暗劫。」

當今佛法仍在世間，即便導師釋迦牟尼佛已入涅槃，佛法傳承仍存於高證量師長，弘揚世間的殊勝佛法仍是純正又純淨。

想像如果情況不是如此，有些時期佛法已完全消失，徹底黑暗，世間完全沒有佛法，沒有任何法光，這種時期稱為暗劫。因此就算投生為人，由於業力，生在暗劫，沒有佛法之光；想像一下世界被無明黑暗所籠罩，沒有一絲佛法光芒，生在那時代，連要認識善都沒機會，遑論行善。

思惟：「我真是太幸運了！太幸運了！竟然生在有佛出世的時代！」思惟現今已是末法時期，很快將進入另一個暗劫，因此對於任何盡快能使內心了悟佛法的事情，要趕緊去做。

思惟自己可能隨時一命嗚呼，死後會如何卻一無所知，下輩子還會有這麼珍貴的機會嗎？下定決心，今生每一剎那，都要投入於生起菩提心，為了一切有情而證悟成佛。

◇沒生於邊地

思惟：「從無始以來，我一直受縛於輪迴，從此道流轉到彼道，大部分時候投生在三惡道。這次我獲得暇滿人身，給我學佛修行的種種機會。我的過去世幾乎都生在三惡道；即便不是生在三惡道，而是生在善趣的話，大部分時候生在長壽天；就算生而為人，大部分生於無佛出世的暗劫；就算沒生在暗劫，大部分時候生在邊地。」

沒有佛法的地方，當地居民完全不識佛法，宗教受到打壓或被視為迷信；想想住在這地方的人，他們一直往錯的方向尋求快樂，被貪欲牽著鼻子走，追求世俗享樂，既不懂佛法也不會想學佛。想想，要是自己生在這種地方，完全沒辦法造下快樂的因，還永遠被痛苦束縛，真是太可怕了。幸好今生不是如此，已獲得能瞭解及體會佛法的自由。

隨喜自己，思惟：「我真是太幸運了！太幸運了！」思惟投生邊地的因，下定決心連一秒都絕不會再造這些因；不是住在邊地的話，就能學佛修行，還能達成暇滿人身的三種殊勝目標。禪修告一段落前，下定決心，善用今生每一秒，以生起菩提心及證悟成佛。

◇沒生為暗啞愚癡

思惟：「從無始以來，我一直受縛於輪迴，從此道流轉到彼道，大部分時候投生在三惡道。這次我獲得暇滿人身，給我學佛修行的種種機會。我的過去世幾乎都生在三惡道；即便不是生在三惡道，而是生在善趣的話，大部分時候生在長壽天；就算生而為人，大部分生於無佛出世的暗劫；就算沒生在暗劫，大部分時候生在邊地；沒生在邊地的時候，大部分時候生為暗啞愚癡。」

許多智能障礙者的能力基本上只能生存下來，想當然，沒辦法理解佛法或修行，就算解釋給他們聽，他們連字都無法理解意思，更別說甚深法義，處於這種情況下，多麼可怕啊！

隨喜自己，思惟：「我真是太幸運了！太幸運了！」思惟生為喑啞愚癡的因——無明，下定決心連一秒也不會再造下此因。

想一想，沒有生為喑啞愚癡所帶來的自由，代表自己能達成暇滿人身的三種殊勝目標，讓人生每一秒過得富有意義。下定決心，絕不再浪費此暇滿人身任何一刻，要善用此人身，以證得菩提心及佛果位。

◇沒生為外道

思惟：「從無始以來，我一直受縛於輪迴，從此道流轉到彼道，大部分時候投生在三惡道。這次我獲得暇滿人身，給我學佛修行的種種機會。我的過去世幾乎都生在三惡道；即便不是生在三惡道，而是生在善趣的話，大部分時候生在長壽天；就算生而為人，大部分生於無佛出世的暗劫；就算沒生在暗劫，大部分時候生在邊地；沒生在邊地的時候，大部分時候生為喑啞愚癡；就算沒有生為喑啞愚癡，則生為外道。」

回想一下，外道指抱持邪見，其見解跟實相相違，例如認為沒有業果、沒有前後世此類錯誤想法。想像一下，要是自己被不信因果、不信前後世、不信有佛出世、不信佛法這種邪見束縛的話，會是什麼樣子。要如何阻止對究竟實相沒有概念的人轉成相信虛無主義呢？不只無法學佛修行，甚至不太可能有機會做有意義的事情。

現在自己沒有受邪見束縛，隨喜自己，思惟：「我真是太幸運了！太幸運了！」思惟生為外道的主因——無明，下定決心再也不會造下此因。想想，沒懷著邪見的此暇滿人身多有意義，但可能隨時會死，下輩子是否會生為外道，不得而知。

下定決心要盡一切力量，下輩子非再得暇滿人身不可，立下堅定信念，善用餘生每一刻，來生起菩提心及證悟成佛。

這座禪修到了最後，或者整體八有暇禪修的最後，思惟自己擁有的八種有暇，隨喜自己已得到如此了不起的珍貴機會。自己隨時可能造下投生為地獄道有情、餓鬼、畜生或長壽天天人；可能在任何時間造下再投生為人的因，不過卻生在邊地、抱持邪見、嚴重身心障礙以致無法瞭解任何事情，自己也隨時可能造下投生在無佛出世的因。

現在這是多麼了不起的機會，沒有生在上述八無暇情況，此生已擁有這八種不可思議的有暇。不過千萬要當心，其實非常容易會造下投生八無暇的因。下定決心，不再造下投生八無暇的因，只會造下再得暇滿人身的因。

禪修十圓滿

禪修十圓滿的方式跟八有暇很相似，差別在於禪修十圓滿時，不需思惟自己沒有處在跟十圓滿相反的情況，而是思惟已獲得令人歡喜的情況。十圓滿包括五種自圓滿及五種他圓滿。

思惟：「從無始以來，我在輪迴幾乎都是投生人道之外。這次我已擁有生而為人的此種圓滿，給我學佛修行種種機會。」思惟生而為人如此殊勝利益，打從心底隨喜自己有此福報。

思惟：「我生而為人無數次了，卻沒生在有佛教的國家。這次我擁有生在有佛教的國家這種圓滿，給我學佛修行種種機會。」思惟生而為人，且生在有佛教的國家，擁有這種殊勝利益，打從心底隨喜自己有此福報。

思惟：「我生而為人無數次了，也生在有佛教的國家，卻諸根不具。這次我不但生而為人，生在有佛教的國家，而且五根具足，給我學佛修行種種機會。」禪修生而為人、生在有佛教的國家，又五根具足，擁有這些殊勝利益，打從心底隨喜自己有此福報。

思惟：「我生而為人無數次，生在有佛教的國家，五根具足，卻犯下其中一項五無間業。這次我不但生而為人、生在有佛教的國家、五根具足、沒有犯下五無間業，給我學佛修行種種機會。」禪修生而為人、生在有佛教的國家、五根具足、沒有犯下五無間業，擁有這些圓滿的殊勝利益，打從心底隨喜自己有這此福報。

思惟：「我生而為人無數次，生在有佛教的國家、五根具足，沒犯下五無間業，卻不信佛法。這次我不但生而為人、生在有佛教的國家、五根具足、沒有犯下五無間業，又深信佛法，給我學佛修行種種機會。」禪修生而為人且擁有這些圓滿殊勝利益，打從心底隨喜自己有此福報。

思惟：「我生而為人無數次，生在有佛教的國家、五根具足、沒犯下五無間業、深信佛法，卻生在無佛出世的時代。這次我不但生而為人、生在有佛教的國家、五根具足、沒有犯下五無間業、深信佛法，又生在有佛出世的時代，給我學佛修行種種機會。」禪修生而為人又擁有這些圓滿殊勝利益，打從心底隨喜自己有此福報。

思惟：「我生而為人無數次，生在有佛教的國家、五根具足、沒犯下五無間業、深信佛法，生於雖有佛出世，卻在佛法住世之前的時代。這次我生而為人、生在有佛教的國家、五根具足、沒有犯下五無間業、深信佛法，生在有佛出世、佛法住世的時代，給我學佛修行種種機會。」禪修生而為人又擁有這些圓滿的殊勝利益，打從心底隨喜自己有此福報。

思惟：「我生而為人無數次，生在有佛教的國家、五根具足、沒犯下五無間業、深信佛法，生於雖有佛出世、佛法住世，卻生在無完整佛法的時代。今生我生而為人、生在有佛教的國家、五根具足、沒有犯下五無間業、深信佛法，生在有佛出世、佛法住世、有完整佛法的時代，給我學佛修行種種機會。」禪修生而為人又擁有這些圓滿的殊勝利益，打從心底隨喜自己有此福報。

思惟：「我生而為人無數次，生在有佛教的國家、五根具足、沒犯下五無間業、深信佛法，生於雖有佛出世、佛法住世、有完整佛法，卻沒有佛法追隨者的時代。今生我生而為人、生在有佛教的國家、五根具足、沒有犯下五無間業、深信佛法，生在有佛出世、佛法住世、有完整佛法的時代、有佛法追隨者的時代，給我學佛修行種種機會。」禪修生而為人又擁有這些圓滿的殊勝利益，打從心底隨喜自己有此福報。

思惟：「我生而為人無數次，生在有佛教的國家、五根具足、沒犯下五無間業、深信佛法，生於雖有佛出世、佛法住世、有完整佛法、有佛法追隨者的時代，我卻沒得到善心功德主或慈悲上師的護持。今生我生而為人、生在有佛教的國家、五根具足、沒有犯下五無間業、深信佛法，生在有佛出世、佛法住世、有完整佛法、有佛法追隨者、有善心功德主及慈悲上師的護持，給我學佛修行種種機會。」禪修生而為人又擁有這些圓滿的殊勝利益，打從心底隨喜自己有此福報。

依次加上各種圓滿，明白此暇滿人身是多麼獨特，能生而為人就很不尋常了，生在有佛教的國家更不尋常，竟然還五根具足；以此身甚至能修無上瑜伽，還更令人驚歎。光是擁有一種圓滿已經稀有難得，擁有十圓滿裡面好幾種圓滿，更加稀有難得，全部具備十種圓滿的稀有性，簡直太無法置信了。

要真正去感受每種有暇跟圓滿的珍貴性，再以這種感覺，策發學佛修行。愈是感受到今世的珍貴之處，快樂就會愈強烈，正如乞丐欣喜若狂在垃圾堆找到鑽石，無論何時，只要一想到「我擁有暇滿人身」，就應該有這種欣喜若狂的感覺。在充滿各種事情及問題的世俗生活當中，突然發現了無價珍寶，這一天出現時，你在修行上會持續感到歡喜，這就是達到善用暇滿人身的徵兆。

禪修暇滿人身的其他部分[89]

本書提到暇滿人身的其他要點，也應當做觀察修及止住修。就在對各種有暇跟圓滿有深度禪修，感覺此人身多麼稀有難得及珍貴之後，接下來思惟暇滿人身的殊勝之處，在於幫助自己達到暫時及究竟的目標。今生每一刻都要過得富有意義，直到自己連想到「浪費此不可思議機會一秒鐘」的念頭都無法忍受下去為止。

接著，為了能更深入瞭解暇滿人身希有及價值，以及非常難以再獲得暇滿人身，因此要禪修相對於輪迴其他道有情的數量，瞭解人類數量非常少，而擁有暇滿人身的人數更為稀少。也要藉著觀

89 亦可參閱附錄二。

修像是盲龜、指甲縫塵土、黏在玻璃上的米粒等等比喻，試著生起「幾乎不可能得到暇滿人身」的感覺。

再來是進入接下來的道次第法類：無常死亡，以明白暇滿人身此稀有珍貴的機會可能不會長久，光陰似箭，歲月如梭，可能隨時會劃下句點，甚至今天都可能就撒手人寰[90]。

90 參閱 FPMT 傳承系列下一本書，仁波切著作"Good Life, Better Death"一書。

附錄二

菩提道次第體驗引導修法教授[91]

作者 帕繃喀大師

（擷取自帕繃喀大師對菩提道次第修法的廣大引導）

生起暇滿證量的禪修指導

每日禪修分成三段：

第一段，只修依止上師。

第二段，從暇滿開始直至菩提心，依照各法類順序而修，引生覺受。

91 摘錄自《掌中解脫》附錄。LamaYeshe.com 網站有完整英文譯文。

第三段，運用觀察修於甚深見地。

每日禪修分成三段，先前已解釋禪修依止善知識，現在從有暇及圓滿開始修。

首先修「確定暇滿體性」，思惟自己曾投生八無暇[92]，今生沒生於八無暇，何其有幸！勿以膚淺或不關己身態度看待暇滿，要敏銳地一再觀修，直到完全且深刻意識到自己擁有暇滿，欣喜不已，正如乞丐找到大珍寶般。此時已生起認識暇滿的證量。

接著換修「暇滿具殊勝價值」，以諸甚深教理之觀察，反覆分析，直到縱使浪費一刹那都深感哀痛時，即是生起對暇滿殊勝價值的證量。

再來換修「暇滿難得」，猛利觀察修習，縱使拖延暇滿一刹那，亦難以忍受，恰如某人將滿袋金粉散落河中。此時已生起對暇滿難得的證量。

92 八無暇跟八有暇相反，例如生為地獄道眾生、餓鬼等等。

詞彙表 [1]

八共悉地	eight common siddhis，梵音 astsadharanasiddhi，藏音 thün-mong gi ngö-drub gyä	跟無上悉地（佛果位）相反，這些世間或稱為共同的悉地，常列作以下：寶劍悉地、點上眼藥能見到諸天人的眼藥悉地、能極迅速到達遙遠地方的神足悉地、隱形悉地、取精華悉地、空行悉地、能製隱形藥丸的仙丹悉地、從地下取出寶藏的庫藏悉地。其他來源列出的八悉地可能有些許不同。
八有暇	eight freedoms	暇滿人身條件包括八有暇及十圓滿，八有暇指沒生為地獄道有情、沒生為餓鬼道有情、沒生為畜生、沒生在長壽天、沒生在無佛出世時代、沒生於邊地、沒生為喑啞愚癡、沒有生為外道。
八異熟功德	eight ripening qualities	八種據稱對修行增上最有益的功德，包括長命百歲、相貌莊嚴、出身高貴、身家富裕、有權有名、語得信賴、生為男性、身心強健。
十惡業	ten nonvirtues	身的三種不善業為殺生、偷竊、邪淫。語的四種不善業為妄語、兩舌、粗惡語、綺語。意的三種不善業為貪心、瞋心、邪見。
十圓滿	ten richnesses	暇滿人身的十種特點。參見暇滿人身（perfect human rebirth）。
三主要道	three principal aspects of the path	菩提道次第的要點：出離心、菩提心及空正見。
三門	three doors	身、語、意。
三惡道	lower realms	在輪迴受苦最劇烈的三道，有地獄道、餓鬼道及畜生道。
三種殊勝	three great meanings	來世之樂、解脫輪迴之樂、證悟成佛之樂。

1 LamaYeshe.com 英文網站詞彙表有提供更詳細的解釋。

三增上學	three higher trainings	在戒學、定學、慧學的更上修學。
三藏	Three Baskets，梵音 Tripitaka	字義指「三籃」，佛法的傳統分類方式：律藏（戒律）、經藏（佛陀的教言）及論藏（邏輯和哲思）。
三寶	Three Jewels / Triple Gem	佛教徒皈依的對象：佛、法、僧。
上師	梵音 guru，藏音 lama	字義為重的，在佛法學識上很重。亦為精神導師、師長。
上師供養法	梵音 Guru Puja，藏音 Lama Chöpa	無上瑜伽部特有的上師瑜伽修持法門，由班禪洛桑賈參撰著。
上師相應法	guru devotion	經部或者續部的修持視上師為佛，繼而在思惟上及行為上依止。
大乘	梵音 Mahayana	字義為大車乘。為了導引一切有情成佛而追求佛果的菩薩行者其修行道路，分成般羅蜜多乘及金剛乘。
大乘八關齋戒	Eight Mahayana Precepts	受持一天內不殺生、不偷盜、不妄語、不淫、不飲酒、不坐臥高廣大床、不非時食、不香花鬘莊嚴及歌舞。
小乘	梵音 Hinayana	梵文字義是小的車乘。阿羅漢的修行道路，其目標在於證得涅槃，或者自身脫離輪迴。
不善	nonvirtue	即惡業（negative karma），由煩惱促發，會導致痛苦的結果。
中陰	藏音 bardo	中間狀態；介於死亡及投生的狀態，時間從一刹那到四十九天不定。
中觀學派	The Middle Way School of Buddhist philosophy，梵音 Madhyamaka，藏音 u-ma-pa	龍樹菩薩根據佛陀宣說的般若經典（prajnaparamita sutras）所創立的分析系統，被認為是空性智慧的最高呈現。中觀學派主張萬法依緣而起，因此遠離常見及斷見這二種錯誤的極端，或說遠離永恆論及虛無主義。此學派分自續派及應成派。佛教大乘宗派有二種：唯識學派及中觀學派。
五無間業	five uninterrupted negative karmas	殺父、殺母、殺阿羅漢、惡心出佛身血、破和合僧。

五道	five paths	通往解脫及成佛的道路，依序是資糧道、加行道、見道、修道、無學道。
五濁惡世	five degenerations	人類在住劫時期逐漸形成，包括煩惱濁、壽濁、劫濁、見濁、眾生濁
仁波切	藏音 Rinpoche	字義是珍貴之人。一般來說，此稱號授予乘願轉世為人，以繼續幫助有情的上師。對自身上師之敬稱。
六字大明咒	om mani padme hum	又稱瑪尼，觀世音菩薩（大悲佛）的心咒。
天人	梵音 deva	欲界、色界、無色界當中極為享樂的天眾。
巴薩杜瓦爾	Buxa Duar	位於印度西孟加拉邦的一處難民營，喇嘛梭巴仁波切、眾多轉世喇嘛、出家人在一九五九年逃離西藏後到此處，仁波切也在此處見到耶喜喇嘛。
心	mind，梵音 citta，藏音 sem	與心識同義。定義為「能清楚且了知」。無形，具有感知所緣對境的能力。
《心經》	Heart Sutra 或 Heart of Wisdom Sutra，梵音 prajnaparamita-hrdaya	空性般若蜜多經典當中最廣為人知的一部。
手印	梵音 mudra	字義是封印。佛、本尊，或密續儀式的象徵手勢。
方便	method	成佛道路上除了跟空性有關的其他方面，主要是關於增長慈心、悲心及菩提心。
月官論師	梵音 Chandragomin	西元七世紀名聞遐邇的印度在家行者。
月稱論師	梵音 Chandrakirti，藏音 Dawa Drapa	西元七世紀的印度佛教哲學家，代表作為解釋龍樹論師思想的《入中論》。
比丘	梵音 bhikshu，藏音 gelong	受具足戒的男性出家人。
比丘尼	梵音 bhikshuni，藏音 gelongma	受具足戒的女性出家人。
王舍城	Rajgir	位於印度北方比哈爾省的城鎮，鄰近那爛陀大學，從前是馬嘎塔國（Magadha）首都。佛陀便是在王舍城的靈鷲山宣說《心經》。

世俗菩提心	conventional bodhicitta	為了一切有情而想要成佛的利他心。使用「世俗」此詞的用意，在於跟以菩提心為動機而證悟空性的「究竟」菩提心有所區別。
世間八法	eight worldly dharmas	凡夫行為通常受到以下世間俗慮驅使：渴求物質受用、渴求物質受用無有乏少、渴求樂及舒適、渴求無不樂及不舒適、渴求好名聲、渴求無壞名聲、渴求得到讚譽、渴求不受批評。
出離心	renunciation	內心處於連一秒都絲毫不受輪迴享受吸引的狀態，而且強烈希求解脫。
四力對治法	four opponent powers	能淨化惡業的四部分，包括依止力（皈依三寶及發菩提心）、懺悔力（後悔已做的某項惡業）、防護力（下定決心再也不做該項惡業）、對治力（修懺罪法門，例如持金剛薩埵心咒的觀修、禮拜三十五佛等等）。
四大乘法輪	four Mahayana Dharma wheels	對修行進展有益的四項外在條件：依止聖者、修止的地方寂靜和諧、親友護持、集聚資糧祈願。
四聖諦	four noble truths	釋迦牟尼佛首次傳法，或稱初轉法輪的主題：苦、集、滅、道。
四攝法	four means of drawing disciples to the Dharma	菩薩修六度四攝，四攝包括布施、愛語、利行（因材施教給予弟子佛法）、同事（教給弟子的佛法，自己以身作則）。
本波	Penpo	靠近西藏拉薩東方的城縣。
本尊	deity，藏音 yidam	佛意的化現，作為密續修行的禪修對境。
永恆論	eternalism	認為萬法自性存在，跟虛無主義相反，兩種極端主義之一。
地	梵音 bhumi，藏音 sa	字義為階段或地。菩薩證得佛果的過程必需通過十地，能直接現證空性為初地。
地獄	hell，梵音 narak，藏音 nyäl-wa	輪迴六道當中痛苦最為劇烈的一道。三惡道其中之一。有八熱地獄、八寒地獄、四近邊地獄、各種孤獨地獄。

如意寶	wish-granting jewel	一種珍寶，能帶給持有者所求的任何東西。
成佛	enlightenment	全然覺醒；佛果；一切遍智。成佛是大乘佛教徒的最終目標，在盡除內心一切過失及證得一切功德時而成佛。具足圓滿悲心、圓滿智慧及圓滿力量的特徵。
有情	sentient being，藏音 sem-chän	尚未證悟成佛，內心尚未徹底斷除無明的眾生。
色拉寺	Sera Monastery	靠近拉薩的格魯三大寺之一。由宗喀巴大師的弟子，西元十五世紀早期的蔣欽卻傑（Jamchen Chöje，1354-1435）創立。現今於印度南部也建立了流亡色拉寺。色拉寺分二個學院，色拉傑及色拉昧，喇嘛梭巴仁波切與色拉傑淵源深厚。
色界	form realm，梵音 rupadhatu	輪迴三界的第二界，有十七層天的天人。
行苦	pervasive compounding suffering	三種苦當中最微細的苦，其為五蘊的本性，受到煩惱及業所染。
西藏文物與文獻圖書館	Library of Tibetan Works and Archives	位於達蘭薩拉，出版及研究機構，最主要保存及出版藏傳佛教典籍。
佛	梵音 buddha	圓滿證悟者，已斷除一切障礙並證得一切功德。
佛果位	buddhahood	成佛的境界。
佛法	梵音 Dharma，藏音 chö	一般指精神修持，精確來說則是佛陀教法，能保護行者免於痛苦、通往解脫及圓滿成佛。
佛塔	梵音 stupa，藏音 chör-ten	象徵佛意的舍利塔。
克帝參夏仁波切	Kirti Tsenshab Rinpoche, 1926-2006	高證量又廣學多聞的苦行瑜伽士，曾住於印度達蘭薩拉，亦為喇嘛梭巴仁波切的上師。
別解脫	individual liberation	聲聞或獨覺藉由修行小乘而證得的解脫，相對於修行大乘而證悟成佛。

別解脫戒	individual liberation vows，梵音 pratimoksha	僧、尼僧及在家人受的個別解脫戒。
劫	eon，梵音 kalpa	指世界時期要歷經的極長時間。世界經歷成、住、壞、空四階段要歷經時間為一大劫，每個階段各有二十小劫。
戒	梵音 vinaya，藏音 dül-wa	佛陀對於道德教規、出家行為舉止等等的教導。三藏之一。
那爛陀	Nalanda	一所大乘佛教的僧伽大學，西元五世紀創立，近王舍城，離菩提迦耶亦不遠，是佛教弘揚至西藏的主要來源。達賴喇嘛尊者常提到藏傳佛教是屬於那爛陀傳承。
邪見	heresy，藏音 log-ta	對於上師及佛教基本教法持有負面想法的統稱，例如認為無因果、無前後世、無解脫等等；對上師生起的惡念，跟依止相反。
供曼達拉	mandala offering	供養整個清淨宇宙的象徵。
冼娜・娜柴夫士基	Zina Rachevsky，1931-73	耶喜喇嘛及喇嘛梭巴仁波切收的第一位西方弟子，她護持兩位喇嘛成立柯槃寺，其後在梭羅昆布地區閉關時往生。
咒	梵音 mantra，藏音 ngag	字義是守護內心。梵文字母通常會與修持的特定本尊的名號連著念，體現了該本尊的功德。
宗喀巴大師	Tsongkhapa, Lama，1357-1419	備受尊崇的師長，有成就的修行者，創立藏傳佛教格魯教派。文殊菩薩——智慧佛的化身。
居士五戒	five lay vows	佛教徒居士持守不殺生、不偷盜、不妄語、不邪淫及不飲酒的誓言。
帕繃喀大師	Pabongka Dechen Nyingpo，1871-1941	著有《掌中解脫》，影響力甚鉅的格魯派師長，為第十四世達賴喇嘛尊者高級親教師及初級親教師——金剛持林仁波切及金剛持赤江仁波切的根本上師。
念珠	梵音 mala，藏音 threng-wa	計算持咒次數的珠串。
披單	藏音 zen	藏傳佛教出家人披在上半身，像披肩的僧服。

拉登仁波切	Rabten Rinpoche, Geshe，1920-86	博學廣聞的格魯派上師，一九七五年移居瑞士之前曾任達賴喇嘛尊者的佛教儀式侍者。耶喜喇嘛及梭巴仁波切的上師。
拘那含牟尼佛	梵音 Kanakamuni，藏音 Ser-thub	此劫第二尊佛。
昆努仁波切	Khunu Lama Tenzin Gyaltsen, 1894-1977	出生於印度北方的菩薩，名聞遐邇，著有《菩提心讚－寶燈》，亦為喇嘛梭巴仁波切的上師。
法會	梵音 puja，藏音 chö-pa	字義為供養。一種宗教儀式。
波多瓦格西	Potowa, Geshe，又名 Potowa Rinchen Sel，1031-1105	於西元一〇五八年進入瑞廷寺，並擔任住持一小段時間。種敦巴尊者的三大弟子之一，噶當派傳承祖師。
波羅蜜多乘	梵音 Paramitayana	字義是圓滿車乘；大乘佛教分為兩支的其中一支，另外一支是金剛乘。波羅蜜多乘又稱經乘、菩薩乘。
空行	梵音 daka，藏音 kha-dro	字義為行走天際者。在生起或圓滿次第裡具有密續證量的男性，女性稱為空行母（梵音 dakini，藏音 kha-dro-ma）。
空性	emptiness，梵音 shunyata，藏音 tong-pa-nyid	沒有真實的存在。究竟上，萬法其真實存在、從自己方面存在、獨立而有，皆是空的。
近五無間	five near immediate negativities	淫自己已證阿羅漢果位的母親、殺死即將成佛的菩薩、殺死獨覺行者、偷僧伽物、毀壞佛塔。
金剛	梵音 vajra，藏音 dorje	字義是「金剛」，常譯為「雷電」，不過通常不翻其義。金剛杵在密續修行上有分四股金剛杵、五股金剛杵。
金剛乘	梵音 Vajrayana	又稱為密乘（Tantrayana）、咒乘（Mantrayana）或密咒（Secret Mantra）。佛教當中修行最迅速的乘，能引導行者在一世證得佛果。
金剛薩埵	梵音 Vajrasattva，藏音 Dorje Sempa	父續本尊，在淨化罪障上尤其殊勝。
阿育王	Ashoka	印度孔雀王朝（約西元前 250 年）的一位國王，改信佛教，弘揚佛教傳遍亞洲。

阿底峽尊者	Atisha，Lama 982-1054	名聞遐邇的印度大師，在西元一四〇二年至西藏振興佛教，創立噶當派，著作〈菩提道炬論〉是第一部菩提道次第典籍。
阿毘達磨	Abbidharma，藏音 chö-göng-pa	三藏（Tripitaka）之一，另有律藏及經藏。萬法的哲學及心理學分析的系統，為佛教宗義與修心的基礎。
阿彌陀佛	梵音 Amitabha，藏音 ö-pag-me	五方佛其中一尊佛，身色紅，代表妙觀察智及徹底淨化想蘊。
阿羅漢	梵音 arhat，藏音 dra-chom-pa	字義為殺敵者。已經止息業及煩惱，徹底解脫痛苦及苦因，證得解脫輪迴的行者。
青稞酒	藏音 chang	由發酵的穀類，常以大麥製成的酒。
信心	faith	有三種信心：相信的、真誠的清淨信心；基於邏輯信念而有清楚的或者理解的信心；渴望的、嚮往的信心。
前行	preliminaries，藏音 ngön-dro	藉由淨除障礙及累積資糧，使心準備好，能在密續禪修有所成就。
度	perfections，梵音 paramitas	菩薩主要的修持。菩薩本著菩提心修行六度：布施、持戒、安忍、精進、禪定及智慧。
度母	梵音 Tara，藏音 Drölma	母續本尊，體現一切諸佛之佛行事業。通常被稱為是過去、現在及未來諸佛之母。
恰格瓦格西	Chengawa Tsültrim Bar, Geshe, 108-1103	種敦巴尊者的三位主要弟子之一。
施身法	藏音 Chöd	密續法門其一，主要修摧毀愛我執，修施身法的行者觀想支解自身，如場盛宴般將身體各部位布施給鬼魅及其他有情。
柯槃寺	Kopan Monastery	位在尼泊爾加德滿都博達附近，由耶喜喇嘛及喇嘛梭巴仁波切創立。
流轉有情	transmigratory beings	流轉輪迴六道之間，受困輪迴的有情眾生。
皈依	refuge	至心託付於佛、法、僧，使其作為成佛道上的引導。

耶喜喇嘛	Lama Yeshe，1935-1984	在西藏出生及受教育，之後逃亡至印度，遇到了其大弟子——喇嘛梭巴仁波切。西元一九六九年，他們開始在柯槃寺教西方人佛法，並且於一九七五年成立護持大乘法脈聯合會（Foundation for the Preservation of the Mahayana Tradition，FPMT）。
迦葉佛	梵音 Kashyapa，藏音 O-sung	此劫第三尊佛。
修心	thought transformation，藏音 lo-jong	培養菩提心的具力法門。在修心法門裡，修學內心面對各種情況，快樂及不快樂皆然，以作為摧毀愛我執及我執的方法。
修羅	梵音 sura，藏音 lha	天人的別稱。
朗日塘巴	Langri Tangpa Dorje Senge, Geshe 1054-1123	噶當派格西，博朵瓦格西的弟子，由於一直禪修有情受到的痛苦，綽號「鬱臉」；〈修心八頌〉作者。
格西	藏音 geshe	字義是善知識。僧侶在格魯派寺院完成廣大學習及通過考試後獲得的學位。
格魯	藏音 Gelug	藏傳佛教四大教派之一，在西元十五世紀早期由宗喀巴大師創立，之後由名聲顯赫的大成就者—達賴喇嘛及班禪喇嘛相繼弘揚。
格魯巴	藏音 Gelugpa	追隨格魯派的行者。
班丹益西	Palden Yeshe，1738-80	第六世班禪喇嘛，亦名洛桑班丹益西。
班智達	梵音 pandit	偉大的學者及哲學家。
班禪喇嘛	Palden Lama	格魯轉世傳承之一，被視為阿彌陀佛化身，住錫西藏日喀則扎什倫布寺。達賴喇嘛及班禪喇嘛是西藏最高精神領袖。
真實存在	true existence	諸法從自方顯現堅實而有、真實而有，事實上諸法空無實有。
脈	Channel，梵音 nadi，藏音 tsa	遍布全身的能量通道，風（梵音 prana）在脈中流動，心識騎乘在風之上。脈中有氣及明點流動，主要的脈有中脈、右脈、左脈。氣、脈、明點構成金剛身。

脈輪	梵音 chakras，藏音 khor-lo	能量輪；中脈裡面的風的主要聚點，六個主要脈輪為眉心輪、頂輪、喉輪、心輪、臍輪及密輪。
《般若經》	Perfection of Wisdom，梵音 Prajnaparamita	釋迦牟尼佛於中轉法輪時宣說《般若經》，開演空性智慧及菩薩道。
鬼魅	spirits	一般凡夫不可得見，處於餓鬼道或天道，能有所助益或是有害的。
寂天菩薩	Shantideva，685-763	偉大的印度祖師菩薩，著有大乘佛教重要經論《入菩薩行論》。
密勒日巴	Milarepa，1040-1123	偉大的西藏瑜伽士及詩人，由於他跟上師馬爾巴尊者的完美師徒關係、修持的苦行及所寫的證道歌而名聞遐邇。噶舉派的創始者之一。
密續	梵音 tantra	又稱為金剛乘（Vajrayana）、咒乘（Mantrayana）或密乘（Tantrayana）。佛陀開演的秘密教法，包括了密續經典、教言及修持。密續的修持，一般是行者觀修自身即為本尊，目的在於行者將自身於身語意的不清淨狀態轉化到佛的清淨狀態。亦參見金剛乘（Vajrayana）。
密續戒	tantric vows	密續修行者受持的戒。
專注一境	single-pointed concentration	能夠不費力地，且時間長短隨己意，專注在禪修所緣的能力。
悉地	梵音 siddhi，藏音 ngö-drub	指證量或獲證，世間或出世間皆是，世間成就指的是修行道上順帶所獲的神通力，出世間成就指的大解脫或證悟成佛。
曼達拉	梵音 mandala，藏音 kyil-khor	密續本尊的清淨佛土，以圖案或畫來代表。
欲界	desire realm，梵音 kamadhatu	三界輪迴的其中一界，有地獄道眾生、餓鬼、人、阿修羅，以及六欲天的修羅（suras）。欲界有情對於六識的對境充滿欲望。另外兩界是色界及無色界。

淨土	pure realm	清淨的，無苦的佛國剎土。行者投生淨土，能直接從該淨土的佛領受佛法，圓滿以前修行道上尚未證悟部分，得以迅速成佛。
淨罪	purification	從心續清除或清淨惡業及惡業習氣。
習氣	imprints	身、語、意造下善業或惡業後留在內心的種子或潛存性。
貪	attachment，梵音 raga，藏音 dö-chag	誇大對境的優點，並想擁有對境的煩惱。六根本煩惱之一。
通美桑波尊者	Thogme Zangpo，Gyalse Ngulchu Thogme，約 1297-1371	偉大的學者及菩薩，著作有《三十七佛子行》以及對於寂天菩薩著作《入菩薩行論》的有名釋論。
雪巴人	Sherpa	尼泊爾艾弗斯峰地區的原住民。兩位有名雪巴人，一位是首位成功攀登艾弗斯峰的雪巴天津（Sherpa Tenzin），另一位是喇嘛梭巴仁波切。
鹿野苑	Sarnath	印度北方省瓦那那西（Varanasi）附近的小城鎮，鹿園的地點，佛陀在此初轉法輪，宣說著名的四聖諦。
勞多	Lawudo	位於尼泊爾梭羅坤布（Solu Khumbu）地區的小地方。從南崎巴扎（Namche Bazar）往西步行三小時，就在孟地（Mende）的上方。勞多喇嘛禪修二十年以上的山洞就在此地，現乃成為勞多閉關中心。喇嘛梭巴仁波切是勞多喇嘛的轉世。
博達	Boudhanath	位於加德滿都外圍，環繞著博達佛塔的村莊名稱，為聞名的佛教朝聖地點。
善	virtue	善業，其能引生樂果。
善知識	virtuous friend，藏音 ge-wai she-nyen	參見上師（guru）
悲心	compassion，梵音 karuna，藏音 nying-je	願一切眾生離苦及苦因的懇切願求。
智慧	wisdom	成佛道路上一切關於空性證量的進展。

無上瑜伽部	Highest Yoga Tantra，梵音 anuttara yoga tantra	密續四部當中的第四部，也是最上部，主要強調內在修持。
無色界	formless realm，梵音 arupadhatu	輪迴三界裡的最高界，有四層天的天人處於無色禪修。
無明	ignorance	障蔽內心的心理因素，不讓內心看見萬法實相。無明基本上有二種，一種是對於業力的無明，一種是持著真實存在概念的無明，其他煩惱便從此根本煩惱而生。
無常	impermanenence，藏音 mi-ta-pa	萬法在粗糙及微細層次的短暫性。
登馬洛確仁波切	Denma Lochö Rinpoche，b.1928-2014	博學精通的格魯派上師，擔任過尊勝寺住持，也是喇嘛梭巴仁波切的上師。
菩提心	梵音 bodhicitta，藏音 jang-sem	為了讓一切有情離苦及帶領有情直至佛果，而要證得圓滿佛果的利他決心。
《菩提道次第廣論》	藏音 Lam-rim Chen-mo	宗喀巴大師最重要的一部著作，是對於阿底峽尊者著作《菩提道炬論》，亦為菩提道次第根本典籍的釋論。
菩薩	梵音 bodhisattva，藏音 jang-chub-sem-pa	有菩提心的行者。
菩薩戒	bodhisattva vows	行者進入菩薩道時要受的戒，生起行菩提心的條件。
虛無主義	nihilism	主張什麼都不存在，例如否認因果或否認有前後世。參見邪見（heresy）。
須彌山	Mount Meru	佛教宇宙觀認為此山位於小世界中央。
傳承上師	lineage lama	從佛陀開始至當今上師，由上師直接傳授弟子佛法所形成傳承的精神導師。
圓寂	梵音 parinirvana	佛陀去世時達到的最後涅槃，地點位於印度北方省的拘尸那羅。
愛我執	self cherishing	考慮自身快樂勝過他者快樂的自我中心態度。證得菩提心的主要障礙，因此必然也是證悟成佛的主要障礙。
慈愛心	loving kindness	希願有情皆擁有樂及樂因。
暇滿人身	perfect human rebirth	人類當中相當少數的狀態，具足了八暇十圓滿，對修學佛法及證悟成佛來說是最理想的條件。

業	梵音 Karma，藏音 lä	字面意義是行動。因跟果的作用，以此善業產生快樂，惡業產生痛苦。
溫薩巴	Ensapa, Gyalwa 1505-66	卻季多杰（Chökyi Dorje）的弟子，溫薩巴不需經歷艱苦下，短短數年證得佛果。
煩惱	delusions，梵音 klesha，藏音 nyön-mong	擾亂的、負面的念頭或情緒，導致受苦及造下惡業。三根本煩惱為癡、瞋、貪。六根本煩惱為貪、瞋、痴、慢、疑、惡見。
瑜伽	梵音 yoga	字義是駕軛。行者為證得佛果，把自己駕軛於修行的精神修持。
瑜伽士	梵音 yogi	高證量的禪修者。
禁飲食齋	藏音 nyung-nä	為期兩天的千手千眼觀世音菩薩閉關，需禁食、大禮拜及禁語。
經	梵音 sutra，藏音 do	釋迦牟尼佛公開的教導，包括經文、開示、修持。
經乘	梵音 sutrayana	大乘教法當中在密續教法之前的部分，強調修菩提心及修六度波羅蜜，亦稱波羅蜜多乘或菩薩乘。
聖者	梵音 arya，藏音 phag-pa	已現證空性的行者。
解脫	liberation，梵音 nirvana 或 moksha，藏音 nyang-dä 或 thar-pa	脫離輪迴的徹底自由。行者追求自身（他或她）從痛苦得到解脫的目標。
資糧	merit，梵音 punya，藏音 sö-nam	由於身語意所作的善業，在內心累積了正向能量。獲得快樂的主因。
資糧田	merit field	跟行者有關的眾聖者，可以是觀想出來的或實際的聖者，對其修皈依、供養等等以累積資糧，行者也會祈請眾聖者或為特殊的目的做祈求。
道次第	lam-rim	往佛果位的階段道路，釋迦牟尼佛引導弟子證得佛果一步接著一步的修行。
達賴喇嘛尊者	Dalai Lama, His Holiness；Gyalwa Tenzinn Gyatso, b. 1935	備受尊崇的藏人精神領袖，努力不倦地致力世界和平；西元一九八九年獲頒諾貝爾和平獎；喇嘛梭巴仁波切的上師。
達蘭薩拉	Dharamsala	位於印度西北方喜馬偕爾邦的村落，達賴喇嘛尊者住錫於此，也是西藏流亡政府所在地。

僧伽	梵音 Sangha，藏音 ge-düm	究竟的僧伽是已直接現證空性者。相對性的僧伽指男眾出家人及女眾出家人。也泛指在家人組成的佛法團體，或者佛法中心的會員。
寧瑪派	藏音 Nyingma	藏傳佛教四大教派當中最早成立的教派，寧瑪派教法可追溯至蓮花生大士，或稱咕嚕仁波切（Guru Rinpoche）。
種敦巴尊者	Dromtönpa；Dromtön Gyalwai Jungne，1005-64	阿底峽尊者的心子及在西藏的主要譯者，創立噶當派及瑞廷寺。
障礙	obscurations，梵音 avarana，藏音 drib	阻礙解脫及成佛。粗的障礙稱煩惱障（obscurations to liberation，藏音 nyön-drib），微細的障礙指斷除煩惱障後留下的習氣，稱為所知障（obscurations to enlightenment，藏音 she-drib）。
瞋心	anger，梵音 krodha，藏音 khong-dro	誇大對境的缺點，並想傷害對境的煩惱。六根本煩惱之一。
糌粑	藏音 tsampa	炒熟的青稞粉，一種西藏主食。
蓮花生大士	Padmasambhava	或稱咕嚕仁波切，第八世紀的印度密續大師，將佛教弘揚至西藏的主要者，創立寧瑪派，受所有藏傳佛教徒的尊崇，尤其是寧瑪派追隨者。
輪迴	梵音 samsara，藏音 khor-wa	指流轉生死的痛苦六道，包括三惡道的地獄道有情、餓鬼、畜生，以及三善道的人、阿修羅及天人。輪迴也可指有情其染污蘊體處於生死流轉。
餓鬼	hungry ghost，梵音 preta	輪迴六道有情其中一道，餓鬼經歷到的是最強烈飢餓及口渴之苦。
噶當派格西	Kadampa geshe	西元第七世紀在西藏實修阿底峽尊者教法的佛教實修者，噶當派格西們以修持轉念而聞名。
噶舉派	藏音 Kagyü	藏傳佛教四大教派之一，傳承源自像馬爾巴、密勒日巴、岡波巴、噶瑪巴這些有名上師。

龍族	梵音 naga	在畜生道的有情，相貌如蛇，居住在水域或近水域之處。通常與土地的肥沃有關，也可以作為宗教上的護法（protectors）。有些龍族據說擁有極大的財富。
彌勒佛	梵音 Maitreya Buddha，藏音 Jampa	慈愛者，賢劫千佛當中繼釋迦牟尼佛的第五尊佛。
擦擦	藏音 tsa-tsa	黏土或石膏放入雕刻模具所做成的佛像。
禪修	meditation	內心對善所緣變得熟悉。禪修主要分為兩種：觀察修及止住修。
聲聞	hearer，梵音 shravaka	小乘（Hinayana）的追隨者，藉由聽聞上師所傳的教法作為基礎，致力於證得涅槃。
禮拜	prostrations	以身語意來禮敬上師本尊。密續前行之一。
薩迦	藏音 Sakya	藏傳佛教四大教派之一，西元 1073 年，由卓米譯師（Drogmi Lotsawa）的主要弟子一昆・貢卻賈波（Khön Könchog Gyälpo，1034-1102）在後藏建立。
願菩提心	aspirational bodhicitta	希望能生起行菩提心的願心。
蘊體	aggregates，梵音 skandha	身和心的聚合。人由五蘊組合而成，包括色、受、想、行、識。
釋迦牟尼佛	Shakyamuni Buddha，西元前 563-483	當今佛教的創立者。賢劫千佛的第四尊佛，生於印度北方的釋迦族，開演從解脫到成佛的經教及密續修行道路。
灌頂	initiation 或 empowerment，梵音 abhisheka，藏音 wang	由密續上師將特定本尊的法門傳授給弟子，允許弟子能修該本尊。
靈鷲山	Vulture’ s Peak	鄰近王舍城，佛陀宣說《心經》處。
觀世音菩薩	藏音 Chenrezig，梵音 Avalokiteshvara	大悲佛。體現諸佛大悲心的父續本尊。歷代達賴喇嘛尊者被視為觀音化身。

參考書目[2]

Sutras

Diamond Cutter Sutra (Aryavajracchedikanamaprajnaparamitamahayanasutra; phag pa she rab pa röl tu chin pa dor je chö pa she ja theg pa chen pö do). Available in several languages at fpmt.org. as Vajra Cutter Sutra.

Four Noble Truth Sutra (Setting the Wheel of Dharma in Motion) (Pali:Dhammacakkappavattana Sutra). Pp. 1843-1847 in The Connected Discourses of the Buddha: A Translation of the Samyutta Nikaya. Translated by Bhikkhu Bodhi. Boston: Wisdom Publicaitons, 2000.

The Heart Sutra (Prajnahridaya/Bhagavatiprajnaparamitahridayasutra; she rab nying po/ Chom dän de ma she rab kyi pha röl tu jin pä do). Available at fpmt.org.

The King of Concentration (Samadhirajasutra; ting nge dzin gyi gyäl pö do). Commentary by Thrangu Rinpoche, translated by Erik Schmidt. Hong Kong: Rangjung Yeshe Publications, 1994.

The Perfection of Wisdom in Eight Thousand Line & Its Verse Summary (Astasahasrikaprajnaparamitasutra; she rab kyi pha röl tu jin pa tri gyä tong pä do). Transalted by Edward Conze. San Francisco: Four Seasons Foundation, 1973, 1995.

Indian and Tibetan Texts

Chandragomin, Letter to a Disciple. In Invitation to Enlightenment, translated by Michael Hahn. Berkeley: Dharma Publishing, 1999.

Dharmarakshita. The Wheel of Sharp Weapons Effectively Striking the Heart of the Foe (Tib: lo jong tshön cha khor lo). Pp.133-153 in Mind Training, translated by Thupten Jinpa. Boston: Wisdom Publications, 2006.

Gyältsen, Panchen Lobsang Chökyi. Lama Chöpa (Skt: Guru Puja). In Lama Chöpa Jorchö. Portland: FPMT, 2011.

Khuna Lama Rinpoche (Tenzin Gyaltsen). Vast as the Heavens, Deep as the Sea: Verses in Practice of Bodhicitta. Translated by Gareth Sparham. Boston: Wisdom Publications, 1999.

2 由於本書非學術性質，爲了化繁爲簡，決定不使用變音符號，採用藏文語音以利發音，而非音譯。

Meitreya. Adornment of the Mahayana Sutras (Mahayanasutralamkara; do de gyan). Published as Universal Vehicle Discourse Literature. Edited by Robert A. F. Thurman. New York: American Institute of Buddhist Studies, 2004.

Padmasambhava. The Tibetan Book of the Dead (bar do thö dröl). Revealed by Tertön Karma Lingpa, translated by Gyurme Dorje, edited by Graham Coleman and Thupten Jinpa, introduced by HH the Dalai Lama. London: Viking, 2006.

—.The Tibetan Book of the Dead. Translated by W. Y. Evans-Wentz. Oxford: Oxford University Press, 1960, 2000.

Nagarjuna. Precious Garland of Advice for the King (Rajaparikatharatnavali; gyal po la tam cha bar rin po che threng wa). Published as Nagarjuna's Precious Garland: Buddhist Advice for Living and Liberation. Translated by Jeffery Hopkins. Ithaca: Snow Lion Publications, 1999, 2007.

—.Friendly Letter (Suhrllekha; she pä tring yig). Published as Nagarjuna's Letter. Geshe Lobsang Tharchin and Artemus. B. Eagle. Dharamsala: Library of Tibetan Works and Archieves, 1979, 1995. Also as Nagarjuna's Letter to a Friend. With a commentary b Kangyur Rinpoche. Translated by Padmakara Translation Group. Ithaca: Snow Lion Publications, 2005.

Pabongka Rinpoche (Pabongka Dechen Nyingpo). Liberation in the Palm of Your Hand (nam dröl lag chang). Edited by Trijiang Rinpoche, translated by Michael Richards. Boston: Wisdom Publications, 2006.

—.Liberation in Our Hands, Part Two: The Fundamentals. Translated by Lobsang Tharchin and Artemus B. Eagle. Howell: Mahayana Sutra and Tantra Press, 1994.

Rinchen, Geshe Sonam. The Thirty-seven Practices of Bodhisattvas. Translated and edited by Ruth Sonam. Ithaca: Snow Lion Publications, 1997.

Shantideva. A Guide to the Bodhisattva's Way of Life (Bodhisattvacaryavatara; jang chub sem pä chö pa la jug pa). Translated by Stephen Batchelor. Dharamsala: India, Library of Tibetan Works and Achieve, 1987.

Tsongkhapa. The Foundation of All Good Qualities (yön ten shir gyur ma). Pp. 139-141 in Essential Buddhist Prayers: An FPMT Prayer Book, Volume I. Portland: FPMT, 2009.

—.The Great Treatise on the Path to Enlightenment, Volume I (lam rim chen mo). Translated by the Lamrim Chenmo Translation Committee. Ithaca: Snow Lion Publications, 2000.

—.Songs of Spiritual Experience: Condensed Points of the Stages of the Path (lam rim nyam gur). Translated by Thupten Jinpa. Montreal: Institute of Tibetan Classics, 2007. See TibetanClass.org under Media/Resources/Text/Other Texts.

—.The Three Principal Aspects of the Path (lam gyi tso wan am sum). Pp.143-145 in Essential Buddhist Prayers: An FPMT Prayer Book, Volume I. Portland: FPMT, 2009.

English Language Texts

FPMT. Essential Buddhist Prayers, Volume I. Portland: FPMT 2009.

—.FPMT Retreat Prayer Book: Prayers and Practices for Retreat. Portland: FPMT, 2009.

Mackenzie, Vicki. Cave in the Snow: A Western Woman's Quest for Enlightenment. New York: Bloomsbury, 1999. There's also this nice video: http://vimeo.com/45500914.

Rampa, T. Lobsang. The Third Eye: The Autobiography of a Tibetan Lama. New York: Ballantine Books, 1965, 2004.

Sopa, Geshe Lhundub. Steps on the Path to Enlightenment Volume I. Boston Wisdom Publications, 2004.

Willis, Janice D. Enlightened Beings. Boston: Wisdom Publications, 1995.

Zopa Rinpoche, Lama. Aroma Charity for Spirits (Sur Offering). Portland: FPMT, 2006.

—.How to Practice Dharma: Teachings on the Eight Worldly Dharmas. Boston: Lama Yeshe Wisdom Archive, 2012.

—and Kathleen McDonald. Wholesome Fear. Boston: Wisdom Publications, 2010.

—and Lobsang Chökyi Gyältsen and Pabongka Rinpoche. Practices to Benefit Nagas, Pretas, and Spirits. Portland: FPMT Publications, 2006.

國家圖書館出版品預行編目 (CIP) 資料

我有那麼好命？：暇滿人身，成佛道上的有暇及圓滿，你是自由且豐盛 / 喇嘛梭巴仁波切 (Lama Zopa Rinpoche) 著；戈登 . 麥杜格 (Gordon McDougall) 編；張春惠譯 . -- 初版 . -- 臺北市：商周出版：家庭傳媒城邦分公司發行 , 2017.12

面；　公分

ISBN 978-986-477-366-4(平裝)

1. 藏傳佛教 2. 佛教修持

226.965　　106021949

我有那麼好命？

暇滿人身，成佛道上的有暇及圓滿，你是自由且豐盛

The Perfect Human Rebirth: Freedom and Richness on the Path to Enlightenment

作者／喇嘛梭巴仁波切（Lama Zopa Rinpoche）
編者／戈登 ・ 麥杜格（Gordon McDougall）
譯者／張春惠
企畫選書、責任編輯／徐藍萍

版權／翁靜如、吳亭儀　行銷業務／林秀津、王瑜
總編輯／徐藍萍　總經理／彭之琬
發行人／何飛鵬　律顧問／元禾法律事務所 王子文律師
出版／商周出版 台北市 104 民生東路二段 141 號 9 樓
電話：(02) 25007008 傳真：(02)25007759
E-mail：bwp.service@cite.com.tw Blog：http://bwp25007008.pixnet.net/blog
發行／英屬蓋曼群島商家庭傳媒股份有限公司城邦分公司　台北市中山區民生東路二段 141 號 2 樓
書虫客服服務專線：02-25007718　02-25007719　24 小時傳真服務：02-25001990　02-25001991
服務時間：週一至週五 9:30-12:00　13:30-17:00　劃撥帳號：19863813　戶名：書虫股份有限公司
讀者服務信箱 E-mail：service@readingclub.com.tw
香港發行所／城邦（香港）出版集團有限公司　香港灣仔駱克道 193 號東超商業中心 1 樓
E-mail: hkcite@biznetvigator.com　電話：(852)25086231 傳真：(852)25789337
馬新發行所／城邦（馬新）出版集團 Cite (M) Sdn Bhd
41, Jalan Radin Anum, Bandar Baru Sri Petaling, 57000 Kuala Lumpur, Malaysia.
Tel: (603) 90578822 Fax: (603) 90576622 Email: cite@cite.com.my

封面設計／張燕儀
印刷／卡樂彩色製版印刷有限公司
總經銷／聯合發行股份有限公司　新北市 231 新店區寶橋路 235 巷 6 弄 6 號 2 樓
電話：(02) 2917-8022　傳真：(02) 2911-0053

■ 2017 年 12 月 5 日初版　Printed in Taiwan
■ 2021 年 10 月 21 日初版 1.8 刷
定價 350 元

　ISBN 978-986-477-366-4